Débuter la guitare

pour **les nuls**

Débuter la guitare pour les Nuls

« Pour les Nuls » est une marque déposée de Wiley & Sons, Inc.
« For Dummies » est une marque déposée de Wiley & Sons, Inc.

92, avenue de France
75013 Paris – France
Tél. : 01 45 16 09 00
Fax : 01 45 16 09 01
www.editionsfirst.fr
www.pourlesnuls.fr

ISBN : 978-2-7540-7372-1
Dépôt légal : mai 2015
Imprimé en France

Direction éditoriale : Marie-Anne Jost-Kotik
Édition : Laure-Hélène Accaoui
Correction : Laurence Granier
Mise en page : Alain Junguené
Illustrations : Marc Chalvin
Production : Emmanuelle Clément

Débuter la guitare pour les nuls

Yannick Robert

FIRST ÉDITIONS

À propos de l'auteur

Guitariste, directeur pédagogique des écoles Ibanez, intervenant régulier du Music Academy International de Nancy, Yannick Robert est un membre actif de la scène Jazz et Fusion depuis de nombreuses années, au travers des clubs et des Festivals.

Il est l'auteur de nombreux ouvrages et DVD pédagogiques, et a enregistré une dizaine d'albums, dont le dernier a été enregistré aux Real World Studios de Peter Gabriel avec le Blues & Beyond Quartet, groupe avec lequel il tourne à travers le monde entier.

Yannick Robert enseigne également sur imusic-school.com

Tous les renseignements sur www.yannickrobert.com

Sommaire

Introduction

Peut-on apprendre seul à jouer de la guitare ? La réponse est : oui. À deux conditions : être attentif à ce que l'on fait et être régulier dans le travail.

Vous apprendrez à travers cette méthode à poser vos doigts sur le manche et à bien vous positionner. Quelques exercices techniques vous seront proposés afin de délier et d'assouplir vos articulations. Et grâce aux premières bases de solfège qui vous seront distillées au fur et à mesure des besoins, vous serez rapidement capables de comprendre l'écriture de la musique, de jouer vos premiers morceaux et de vous accompagner à la guitare.

Chaque élément de cette méthode a été pensé en termes d'efficacité, c'est-à-dire que vous apprendrez le minimum de solfège et de théorie musicale qui vous seront indispensables pour comprendre l'écriture des morceaux et jouer les exercices de la méthode, rien d'autre !

À la suite de cela, vous serez en mesure de déchiffrer toutes sortes de morceaux, dans tous les styles de musique, et de vous constituer le répertoire de votre choix.

Cet ouvrage se veut simple, ludique et efficace !

Comment utiliser cette méthode ?

Bien sûr, si vous êtes débutant, il vaut mieux commencer par le début et vous laisser guider par la progression pédagogique de la méthode. Après quelques pages, vous pourrez regarder un peu plus en avant dans l'ouvrage et, pourquoi pas, travailler un morceau qui vous tient particulièrement à cœur. La curiosité et l'envie sont aussi des facteurs de progression.

Si vous avez déjà quelques notions de guitare, si vous savez poser vos doigts, alors vous pouvez commencer par le style de votre choix (voir la quatrième partie de cette méthode), mais n'oubliez pas que les bases sont essentielles pour progresser correctement, alors n'hésitez pas à tout lire depuis le début en jouant au moins une fois chaque exercice et chaque morceau.

Et le solfège dans tout ça ?

Comme c'est écrit plus haut, vous n'étudierez que le minimum de solfège dont vous aurez besoin pour avancer dans cette méthode, et vous verrez que c'est très peu ! L'utilisation des tablatures permet de se contenter d'apprendre la partie rythmique du solfège, puisque les hauteurs de notes sont indiquées par les numéros de cases. Lorsque vous aurez terminé cette méthode, vous serez en mesure de déchiffrer seul n'importe quel *songbook* vendu dans le commerce. Ceci dit, rien ne vous empêche de travailler, à part, la lecture de notes et de compléter vos connaissances en solfège.

Comment ce livre est-il organisé ?

Cette méthode est conçue de manière très logique et progressive afin de vous permettre d'évoluer en douceur et de vous familiariser avec différents styles de jeu.

Première partie : Choisir et comprendre votre instrument

Dans cette partie, vous ferez véritablement connaissance avec la guitare. Après avoir découvert les différents types de guitare, vous prendrez en main votre instrument et apprendrez quelle position du corps, des mains puis des doigts adopter pour être à l'aise dans le jeu ; enfin, nous vous présenterons les différents systèmes d'écritures utilisés dans cet ouvrage, en même temps que les premiers éléments indispensables de solfège.

Deuxième partie : Les premiers pas

Avec cette partie, vous entrerez dans le vif du sujet en grattant les cordes, en découvrant comment exécuter une gamme (la gamme de *do* majeur), puis comment utiliser un médiator. Pour ces premiers pas à la guitare, un mélange d'exercices et de courts extraits de morceaux « Dans le style de… » vous seront proposés afin de vous aider à apprendre tout en vous amusant. Et toujours, quelques éléments de solfège et de technique vous seront présentés au gré des exercices.

Troisième partie : L'accompagnement

Voilà une des parties les plus conséquentes de cette méthode : vous y verrez l'apprentissage des accords, avec les premiers accords en haut du manche, deux par deux, puis les accords en barrés. Viennent ensuite deux chapitres sur le jeu aux doigts, l'un sur les arpèges et l'autre sur le *picking*, style particulier de jeu aux doigts, popularisé en France par le grand Marcel Dadi. Un dernier chapitre consacré aux différents styles d'accompagnements (folk, pop-rock, etc.) vient clore cette partie.

Quatrième partie : Les styles de référence !

Quand on pense guitare, on peut aussi bien vibrer sur les accords blues d'Eric Clapton que se déhancher sur les riffs endiablés de Led Zeppelin… Vous allez donc vous familiariser avec les définitions et les caractéristiques principales de ces différents styles de musiques, très liés à l'histoire de la guitare, que sont le blues, le rock, le funk, la bossa nova et le jazz manouche. Pour chaque style, vous découvrirez un répertoire avec des extraits de morceaux dans le style des plus grands musiciens d'hier et d'aujourd'hui.

Cinquième partie : La boîte à outils du guitariste débutant

Les trois chapitres qui composent cette avant-dernière partie vous seront utiles à tout moment. Des exercices techniques vous permettront de vous réchauffer lorsque vous prendrez votre instrument pour la première fois de la journée. Vous aurez également à votre disposition un mémo solfège avec un résumé de l'ensemble des notions étudiées, ainsi qu'un chapitre complet sur les accords : la théorie, les positions, les accords simples, enrichis, altérés, sus4, avec un schéma général qui vous permettra de retrouver facilement les notes constituant les accords de votre choix.

Sixième partie : La Partie des Dix

Comme la partie précédente, celle-ci peut être consultée à tout moment de votre apprentissage et même au tout début puisqu'elle commence par les réponses aux dix questions les plus souvent posées sur l'apprentissage de la guitare (le choix de la guitare, les types de cordes, l'apprentissage en autodidacte, etc.).

Viennent ensuite les dix conseils pour progresser efficacement, que vous êtes vivement invités à lire et à relire régulièrement, afin de vous éviter de perdre du temps dans votre travail et de vous permettre d'optimiser vos séances.

Pour finir, le petit bonus plaisir : un chapitre consacré aux dix guitaristes à écouter sans modération. Ce choix n'est évidement pas exhaustif, mais vous verrez que les artistes cités ont tous une particularité dans le style, le son ou la technique, et qu'il est très bénéfique d'avoir une vision large des possibilités d'un instrument lorsque l'on s'apprête à l'étudier.

Les icônes utilisées dans ce livre

Cette icône signale les points importants à retenir en solfège. C'est peut-être une langue étrangère pour vous mais chaque symbole présent sur une partition possède une signification bien précise.

Cette icône annonce la présentation rapide d'un artiste connu ou qui vous est encore inconnu, mais qui mérite votre attention ! Et qui sait, vous prendrez peut-être un jour sa place !

Une information très utile, à garder dans un coin de votre mémoire.

Cette icône vous indique que l'exercice à reproduire correspond à une piste précise de votre CD.

Première partie

Choisir et comprendre votre instrument

Dans cette partie...

Vous êtes impatient de jouer, mais avant cela, il vous faut connaître votre instrument. Vous apprendrez les différents éléments qui composent une guitare, la bonne position à avoir pendant le jeu, les bases du solfège ainsi que la lecture des tablatures...pour commencer tout doucement à gratter les cordes.

Chapitre 1

Premier contact avec votre guitare

Dans ce chapitre…

- Découvrez la composition d'une guitare
- Adoptez une bonne posture
- Utilisez un diapason pour jouer avec justesse

Il est primordial de connaître votre instrument et d'adopter la bonne posture pour jouer. On l'oublie souvent, mais il est difficile de changer une mauvaise habitude qui s'est installée au fil du temps. Autant bien commencer !

Les différents types de guitare ?

Cette méthode peut se travailler sur tous les types de guitares **acoustiques** (folk, classique) ou **électro-acoustiques** (cordes en acier ou bien cordes en nylon).

La façon dont vous tenez votre guitare varie légèrement, selon que vous vous tenez assis ou debout. Voici quelques indications d'ordre général :

- **Une guitare acoustique** ❶ est munie d'une caisse de résonance qui vous permet de vous entendre en toutes circonstances. On appelle cela une guitare folk. Elle est munie de cordes en acier qui permettent d'obtenir un son brillant et fort.
- **Une guitare électro-acoustique** ❷ possède elle aussi une caisse de résonance, mais également un pré-ampli qui vous permet de la brancher à un amplificateur ou à une sono, et de contrôler le volume de sortie.
- **Une guitare classique** ❸ est une guitare acoustique munie de cordes en nylon qui vous permettent d'obtenir un son plus doux que les guitares folk. On peut l'employer pour jouer de la musique classique, de la bossa nova, de l'accompagnement de chansons, etc.

Le mieux c'est d'aller dans un magasin et de toutes les essayer afin de faire votre choix !

Description de la guitare

Pour commencer apprenez à connaître les différentes parties de votre guitare.

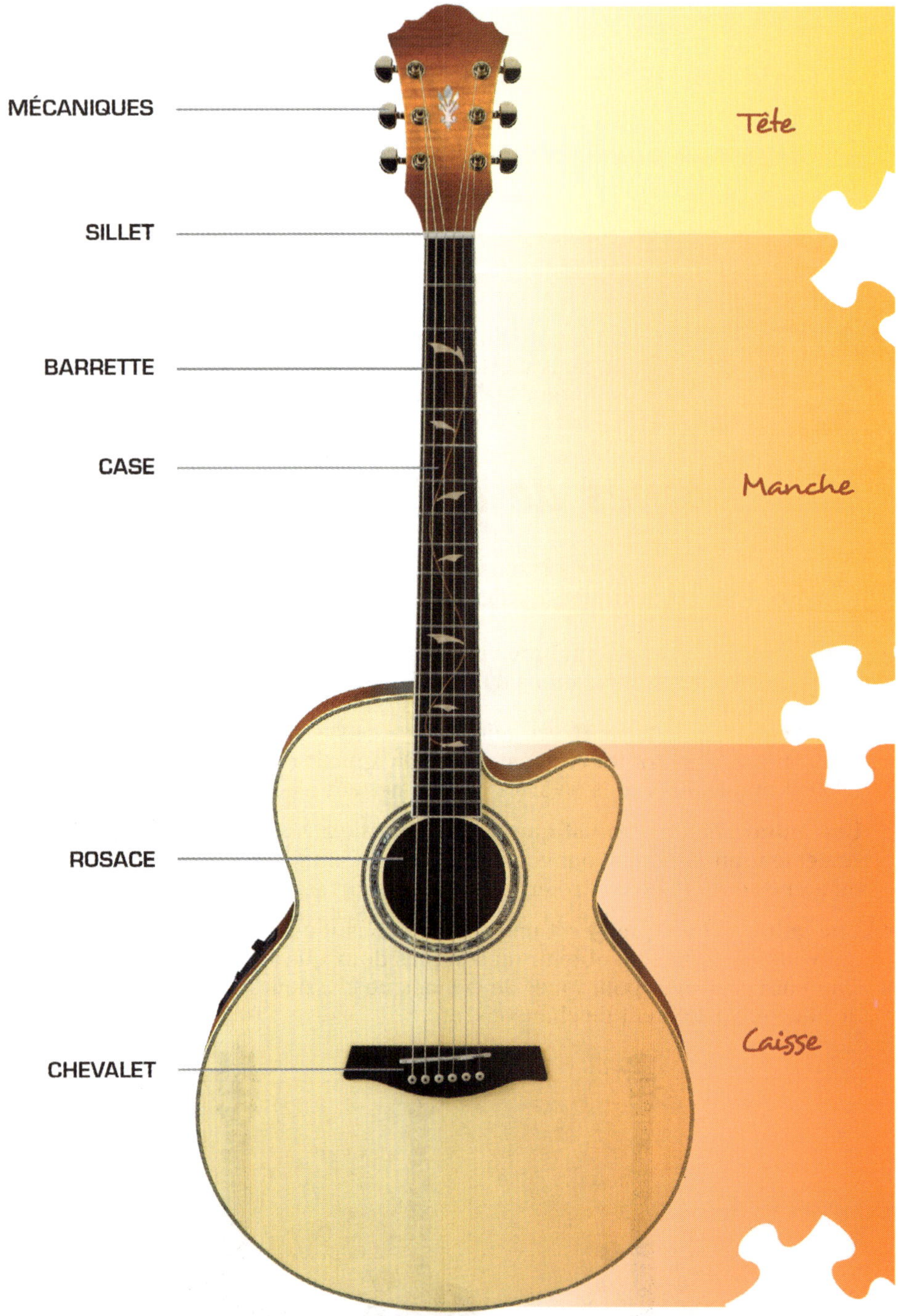

Accorder sa guitare

Vous pouvez accorder votre guitare avec un accordeur qui indique la hauteur de chacune des cordes, il suffit de jouer la corde et de regarder l'aiguille. C'est la méthode la plus facile et la plus sûre.

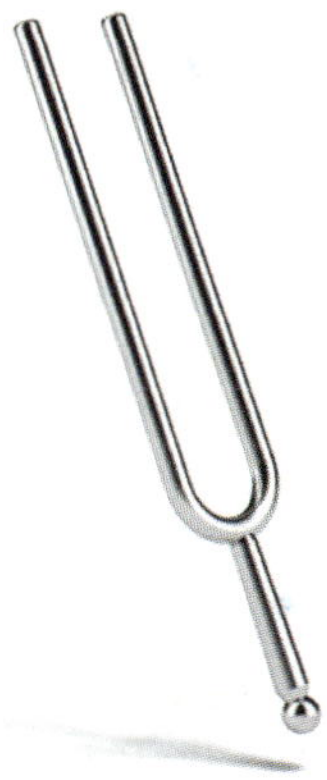

Mais il y a une autre méthode que tous les guitaristes utilisent aussi, et qui vous permet d'accorder les cordes les unes par rapport aux autres. Il vous faut simplement accorder **votre corde de *la*** (par exemple) à l'aide d'un **diapason**, ou d'un autre instrument déjà accordé.

Ensuite procédez de la manière suivante :

- Accordez votre corde de *ré* (à l'aide de sa mécanique) afin d'obtenir le même son qu'en jouant la corde de *la* à la cinquième case.
- Accordez votre corde de *sol* afin d'obtenir le même son qu'en jouant la corde de *ré* à la cinquième case.
- Puis votre corde de *si* pour obtenir le même son qu'avec la corde de *sol* à la quatrième case.
- Puis votre corde de *mi* pour obtenir le même son qu'avec la corde de *si* à la cinquième case.
- Accordez enfin votre *mi* grave en appuyant sur la cinquième case jusqu'à obtenir le même son que la corde de *la*. (Vous pouvez vérifier en faisant sonner la corde de *mi* aigu).

Schéma des correspondances

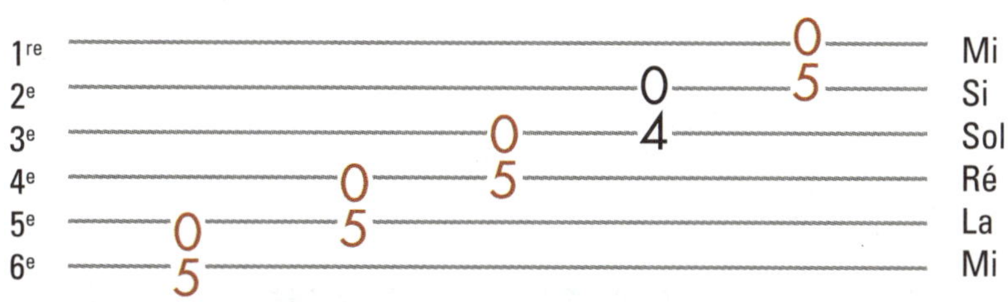

La manière la plus répandue d'accorder sa guitare est celle qui vous est montrée dans ce chapitre : *mi la ré sol si mi,* en partant de la corde la plus grave. Si l'on joue toutes les cordes ensemble et à vide (sans toucher au manche de la guitare) on obtient un accord de *mi* mineur 11. Cet accordage est utilisé dans toutes les musiques et dans tous les styles de jeu.

À SAVOIR

Qu'est ce que le DADGAD ?

Il existe d'autres façons d'accorder son instrument, en open-tuning, c'est-à-dire en produisant un accord « ouvert » (avec une quarte à la place de la tierce, voir chapitre 13) avec les cordes à vides, mais en insistant sur les notes que sont la fondamentale et la quinte. L'un des open-tuning les plus employés est celui de ré, le DADGAD, qui fait référence à la notation anglo-saxonne (voir le mémo solfège en chapitre 12) et qui est constitué des notes suivantes : ré la ré sol la ré. Cet open-tuning est utilisé principalement en musique celtique.

La tenue de l'instrument

La pratique d'un instrument de musique en autodidacte peut mener parfois à adopter des positions qui, lorsqu'elles sont répétées, finissent par être inconfortables et sources de petites douleurs musculaires. C'est pourquoi il est important de prendre de bonnes habitudes en adoptant les bonnes positions des mains, des bras, du dos et des jambes.

- La guitare repose sur la cuisse droite.
- Le dos est bien droit.
- Le bras droit repose sur la caisse de telle sorte que les doigts soient perpendiculaires aux cordes – à l'exception du pouce – et au niveau de la rosace.
- Le bras gauche est décollé du corps afin de faciliter les déplacements sur le manche.
- Les deux pieds sont bien à plat. Évitez de croiser les jambes, ce qui aura pour effet de tordre votre colonne vertébrale en « S ».

La main droite

La main droite est traditionnellement la main qui gratte les cordes (sauf si vous êtes gaucher).

- Les doigts sont perpendiculaires aux cordes, à l'exception du pouce qui vient en oblique pincer la corde.
- La main droite joue les cordes au niveau de la rosace.
- Le poignet reste souple.

La main gauche

La main gauche se charge de moduler les sons sur le manche de la guitare. C'est elle qui peut être la plus douloureuse : il convient donc d'être tout particulièrement attentif à son bon placement sur le manche.

- Les doigts sont perpendiculaires aux cordes.
- Les doigts viennent toucher les cordes au milieu de la case, entre les barrettes.
- Le pouce de la main gauche se place généralement au milieu du manche afin de faciliter le mouvement des autres doigts sur les cordes.

Les cordes à vides

Chaque corde, lorsqu'elle est jouée « à vide », c'est-à-dire sans toucher le manche avec la main gauche, fait résonner une note qui permet d'accorder la guitare.

En partant de la grosse corde (6e) et en allant vers la plus petite (1re) on obtient les sons ***mi la ré sol si mi***.

Chapitre 2

Apprendre à lire une tablature

Dans ce chapitre...

- Comment placer ses doigts
- Lire des tablatures
- Ronde, blanche, noire, croche : à chacun son rythme !

La tablature se démarque d'une partition de musique, celle-ci prenant en effet compte des caractéristiques propres de l'instrument, ici la guitare : elle aide l'interprète en précisant, par exemple, quels doigts utiliser pendant le morceau et sur quelles cordes. C'est ce que vous allez voir dans ce chapitre, ainsi que les notions de solfège nécessaires à la bonne lecture d'une tablature. À vous de jouer !

Qu'est-ce qu'une tablature ?

La tablature est le système qui permet d'écrire la musique pour les instruments à cordes. Le solfège traditionnel nous renseigne sur la hauteur de note et sur sa durée, tandis que la tablature nous indique la position de jeu sur le manche. Ceci est très important car la plupart des notes peuvent être jouées dans 3, 4, voire même 5 positions différentes sur le manche.

On a le nom des notes ainsi que leur durée.

Le système des tablatures

La musique se lit de gauche à droite. Dans l'exemple suivant, la première note est jouée sur la 5e corde à vide. La seconde note est jouée sur la 2e corde en case 1.

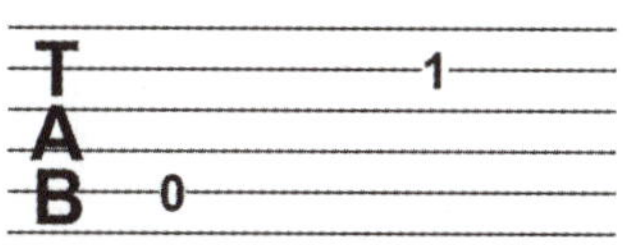

- Les chiffres indiquent les cases sur lesquelles vous allez positionner les doigts de votre main gauche.
- Le zéro indique qu'il n'y a aucun doigt sur le manche et que la corde est jouée à vide.
- On peut aussi indiquer la durée des notes sur la tablature, mais on utilise le plus souvent le solfège ET la tablature pour donner toutes les indications avec une plus grande lisibilité.

La notation des doigtés

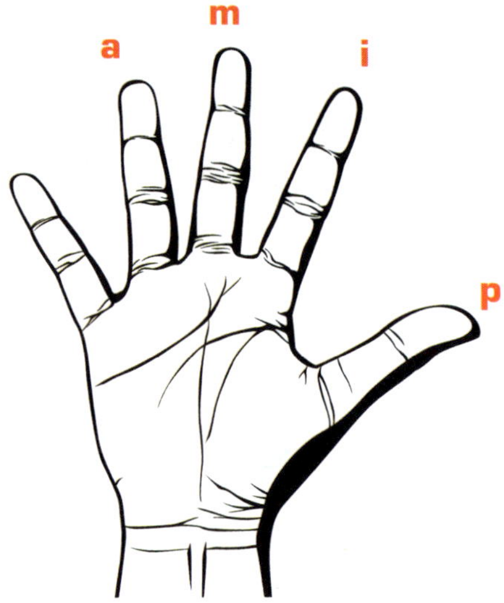

Sur la tablature, vous retrouvez des indications de doigtés présentées sous forme de chiffre ou de lettre. La notation des doigtés est différente selon la main utilisée. Mais, pas d'inquiétude, avec un peu d'entraînement, vous finirez par ne plus les confondre ! Pour la **main droite**, on note l'initiale de chaque doigt : **p** pour pouce, **i** pour index, **m** pour majeur, et **a** pour annulaire. Ce sont les quatre doigts qui nous servent à pincer les cordes.

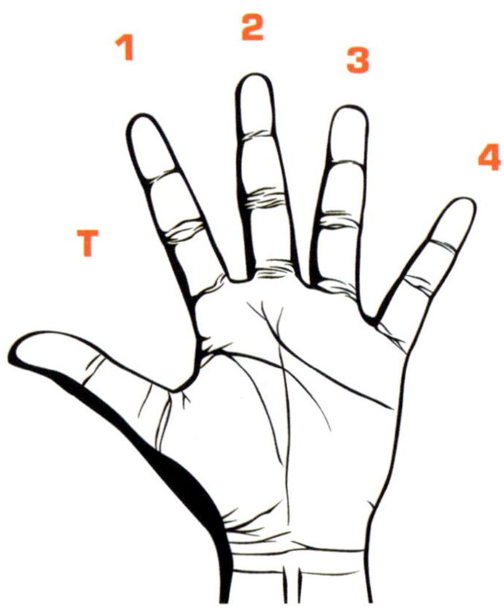

Pour la main gauche, on utilise le **T** pour le pouce (thumb en anglais), et les chiffres **1** pour l'index, **2** pour le majeur, **3** pour l'annulaire et **4** pour l'auriculaire.

Les doigtés sont placés, quand il y a lieu, sous la portée en solfège.

Exercice en cordes à vide

Jouez une par une les cordes à vide en commençant par la 6e corde (*mi* grave) et en respectant les indications de doigtés de la main droite figurant sur la portée. On remarque que les 3 cordes graves sont jouées avec le pouce tandis que les 3 cordes aigues sont jouées chacune avec un doigt différent.

L'écriture de la musique

Lire la musique exige de connaître quelques rudiments de solfège :

- Les figures de notes indiquent leur durée. La ronde 𝅝 vaut 4 temps, la blanche 𝅗𝅥 vaut 2 temps, la noire ♩ vaut 1 temps et la croche ♪ vaut 1/2 temps.
- La clé de sol 𝄞 indique l'emplacement du *sol* sur la deuxième ligne.
- La fraction 4/4 est l'indication de mesure. Elle signifie qu'il y a 4 temps par mesure, chaque temps valant 1 noire (ou 2 croches). On appelle cela la mesure à 4 temps.
- Les mesures sont délimitées par des barres de mesures. Des barres simples en cours de morceau, et des doubles barres au début et à la fin.

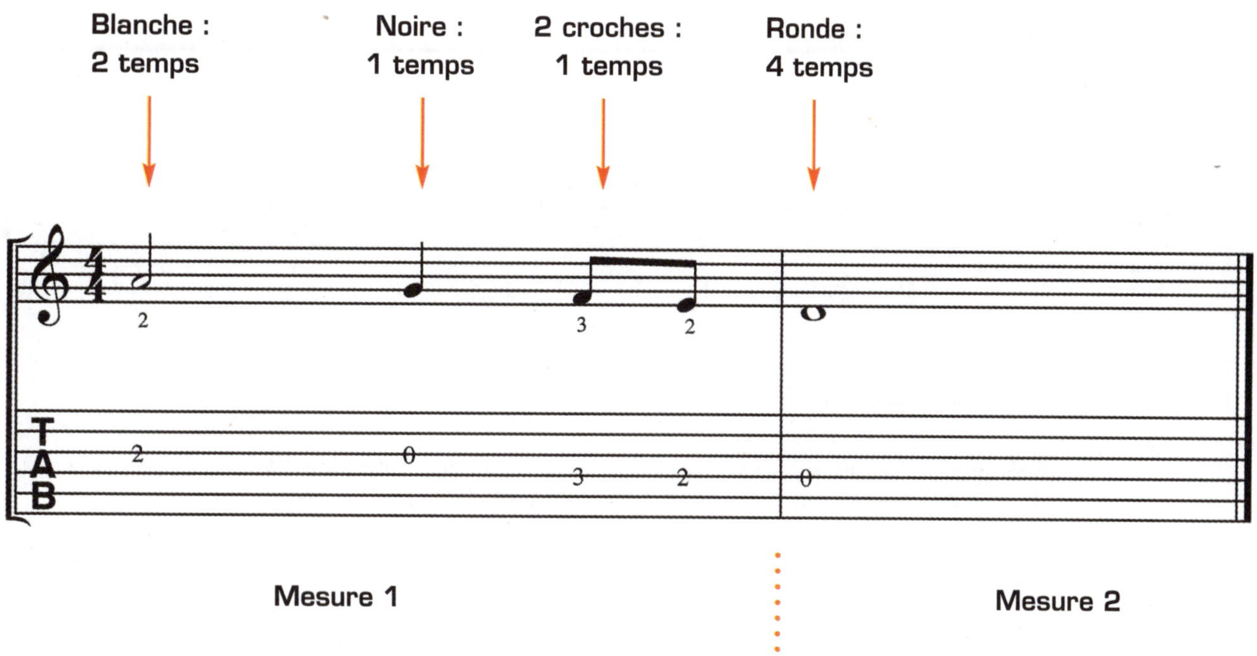

Les chiffres sur la tablature vous indiquent l'emplacement des notes sur le manche.

Vous avez maintenant tous les éléments pour déchiffrer les mélodies et exercices qui suivent !

La valeur des notes

Vous venez de le voir, chaque figure de note correspond à une durée. Nous vous proposons quelques exercices vous présentant les figures de note les plus courantes sur une partition, à savoir la ronde, la blanche, la noire et la croche.

La ronde

Vous allez maintenant jouer ces quatre notes en tenant compte des doigtés de la main droite (placés au dessus de la portée), et des cases à jouer sur le manche. Les trois premières sont des cordes à vides, la dernière est un *mi* à jouer sur la 4e corde en case 2.

Chaque ronde dure 4 temps, vous allez donc jouer en comptant 1 2 3 4 1 2 3 4, etc.

Jouez chaque note sur le 1 et laissez-la résonner.

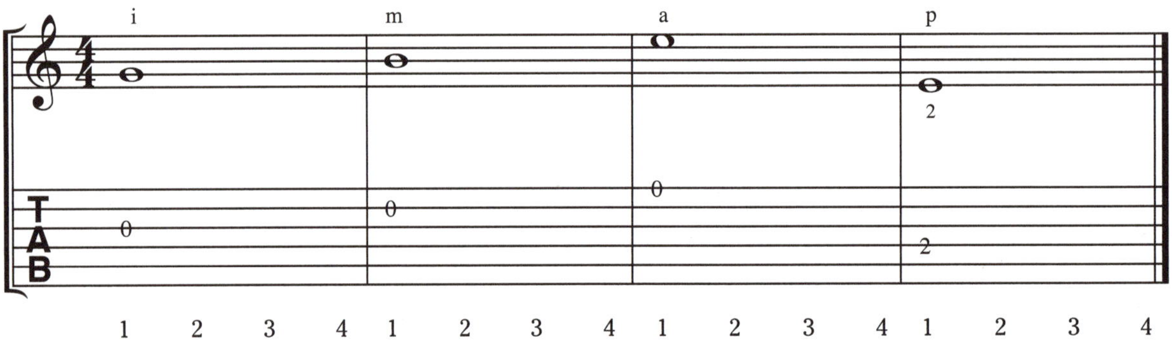

La blanche

Même principe pour cet exercice en blanches. Chaque note dure 2 temps. Vous jouez sur le 1 puis laissez résonner sur le 2, vous jouez sur le 3 et laissez résonner sur le 4.

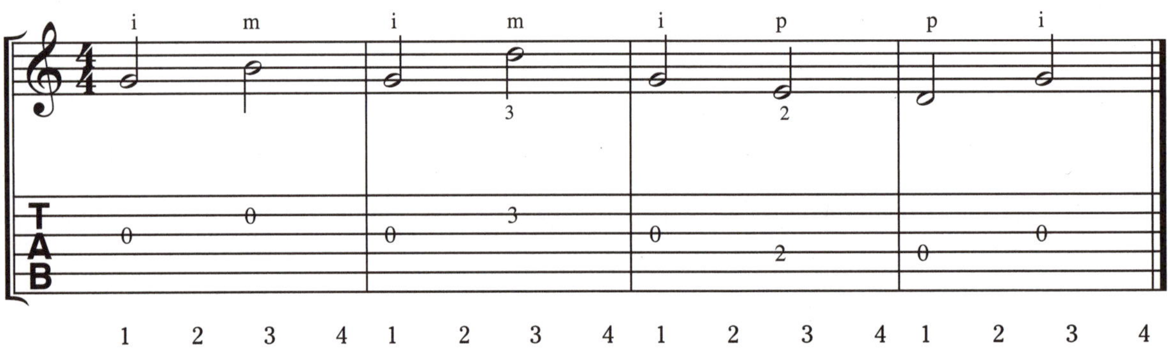

La noire

Chaque noire dure 1 temps, vous continuez de compter 1 2 3 4 et vous jouez une note sur chaque temps.

La croche

Avec la croche, on aura vu les figures de notes les plus importantes que vous rencontrerez dans cette méthode.

La croche vaut 1/2 temps, il en faut deux pour faire un temps.

Pour bien comprendre l'emplacement des croches, vous pouvez compter de la manière suivante : 1 et 2 et 3 et 4 et 1 et 2 et 3 et 4 et…

Et vous jouez cette fois vos notes sur les « et ».

Exercice en croches ♩ = 80

Ce premier exercice ne comporte que des notes à vide.
Réglez votre métronome sur 80, chaque battement représente le temps.

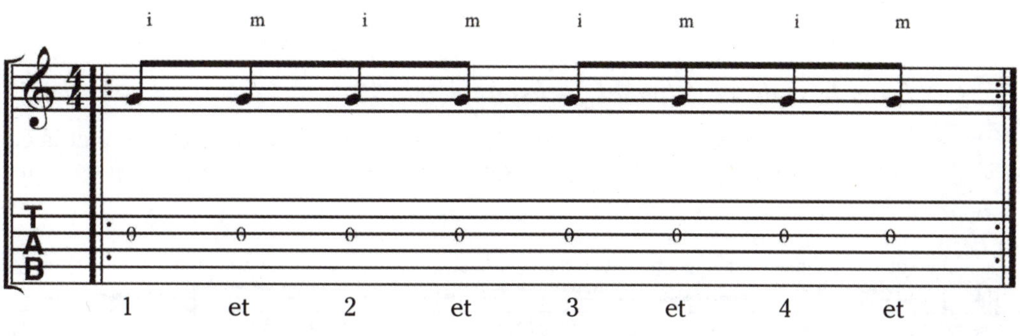

La double barre pointée que vous rencontrez en début et en fin de portée vous indique qu'il faut répéter ce qui se trouve entre ces deux doubles barres. (Voir le mémo solfège au chapitre 13).

Le Tempo

Le tempo, c'est la vitesse d'exécution du morceau. Il s'écrit sous forme d'un nombre, qui représente le nombre de temps dans une minute. ♩ = 80 signifie que vous devez jouer à la vitesse de 80 ♩ à la minute.

CD PLAGE 3

Dans le style de Peter Gunn ♩ = 108

Un doigt par case et toujours en croches égales.

Pensez à compter : 1 et 2 et 3 et 4 et 1…

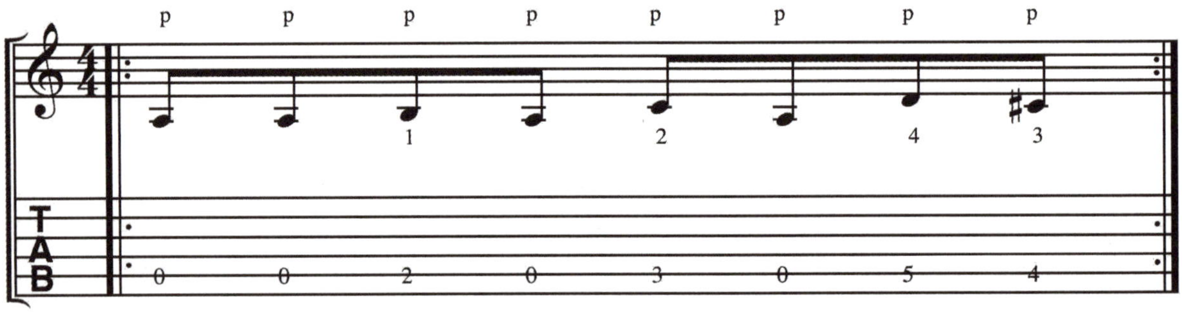

CD PLAGE 4

Dans le style de Peter Gunn ♩ = 108

Le même exercice transposé sur la corde de sol. Vous pouvez le faire sur chacune des cordes.

CD PLAGE 5

Dans le style de Michael Jackson ♩ = 112

Toujours des croches, mais sur deux cordes cette fois-ci, la corde de *ré* et la corde de *sol*. Sur la corde de *sol*, on alterne index et majeur, sur la corde de *ré*, on joue toutes les notes au pouce.

Deuxième partie

Les premiers pas

Dans cette partie...

Maintenant que vous maîtrisez votre instrument, vous allez pouvoir vous perfectionner. Vous découvrirez dans les pages qui suivent ce que sont les altérations et apprendrez ainsi à mieux lire une partition. Vous ferez également connaissance avec un outil précieux : le médiator ! Et comme à chaque fois, des exercices et des points de solfège vous seront proposés.

Chapitre 3

On apprivoise la technique

Dans ce chapitre…

- Bien lire une partition et comprendre ses subtilités
- Se familiariser avec les notions de tonalités et de hauteur

Sur chaque partition, il vous est sans doute déjà arrivé de voir différents symboles en début de portée ou devant des notes en particulier. Dans ce chapitre, vous verrez ces signes musicaux responsables d'une élévation ou d'un abaissement de la hauteur des notes. La manière de jouer ces notes en sera également changée : un *fa♯* ne se joue évidemment pas comme un *fa*.

Les altérations

Elles sont utilisées pour abaisser ou élever la hauteur des notes d'un ou plusieurs demi-tons.

SOLFÈGE

Les dièses et les bémols

- Le dièse ♯ élève la note d'un demi-ton.
- Le bémol ♭ abaisse la note d'un demi-ton.
- Le bécarre ♮ annule l'effet du dièse ou du bémol précédemment rencontré.

CD PLAGE 6

Exercice sur 4 cases

Cet exercice va vous permettre de placer vos doigts de la main gauche sur les 4 premières cases. Placez bien vos doigts au milieu de chaque case en gardant bien le pouce derrière le manche. Les doigts doivent être perpendiculaires aux cordes.

CD PLAGE 7

Exercice technique ♩ = 112

Cet exercice sert à travailler la précision dans le positionnement de la main gauche, et à renforcer les doigts. Essayez d'être aussi précis et aussi régulier que possible.

Chaque note doit être jouée avec le pouce de la main droite et avec la même puissance.

Variations

Vous pouvez appliquer les différentes variations à l'exercice précédent :

Variation **1**

Variation **2**

Variation **3**

Les tons et les demi-tons

La distance sonore entre deux notes est d'un ton sauf entre *mi/fa* et *si/do* où il n'y a qu'un demi-ton.

Le ton est équivalent à 2 demi-tons, on le joue en se déplaçant de 2 cases.

Le demi-ton est le plus petit intervalle que l'on peut rencontrer entre deux notes. Il est équivalent à un mouvement d'une case sur votre instrument.

La gamme de do majeur

Vous connaissez sûrement le nom des notes de la gamme de *do* majeur : *do ré mi fa sol la si do*. C'est une suite de tons et de demi-tons. Il s'agit de la première gamme que l'on apprend en cours de solfège car elle ne contient aucune altération. Elle est donc utilisée comme modèle.

CD PLAGE 8

Exercice sur gamme

Repérez cette gamme dans l'exercice qui suit en démarrant en case 3, 5ᵉ corde et en finissant en case 1, 2ᵉ corde.

Attention : à partir de la 3ᵉ corde, vous alternez l'index et le majeur à la main droite.

Entraînez-vous à jouer lentement en prononçant le nom des notes.

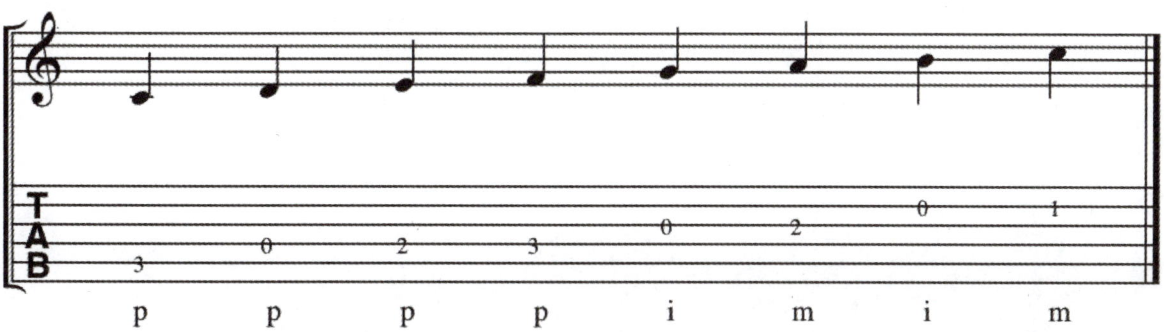

Chapitre 4

Le jeu au médiator

Dans ce chapitre…

- Grattez les cordes avec un médiator
- Découvrez les premiers « effets » de jeu

Le médiator est un petit ustensile en plastique (parfois en bois, ou même en pierre) en forme de triangle, qui sert à « gratter » les cordes. On l'utilise aussi bien pour jouer des accords que pour jouer des mélodies. Le guitariste Brian May, mondialement connu pour avoir joué dans le groupe Queen, trouvait les médiators traditionnels bien trop fragiles, il a donc pris l'habitude de se servir d'une pièce de six pence, bien plus robuste, ce qui finit par devenir sa signature !

La tenue du médiator

On saisit le médiator entre le pouce et l'index de la manière suivante :

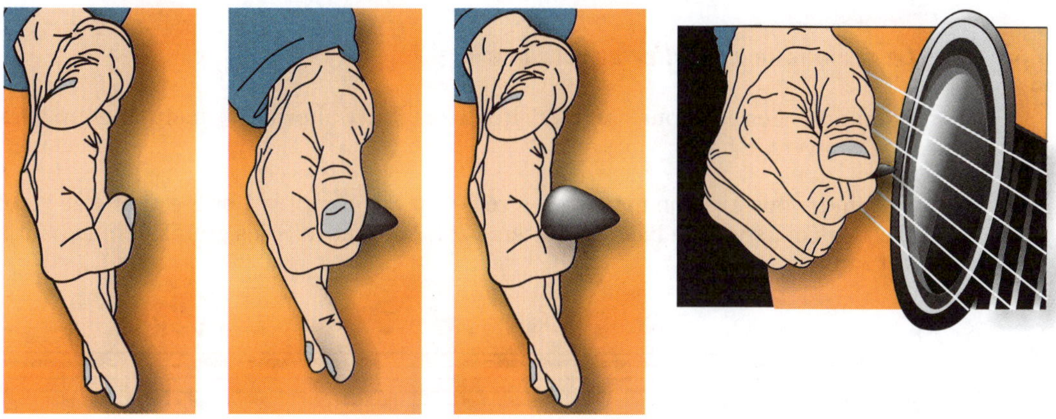

- Le pouce et l'index saisissent fermement le médiator, mais le poignet reste souple. Il est important de ne pas crisper la main.
- L'avant bras est légèrement oblique par rapport aux cordes.

Exercices au médiator

Nous vous proposons dans ce chapitre quelques exercices pour vous familiariser avec ce petit triangle.

CD PLAGE 9

Exercice médiator 1 ♩ = 100

Le signe ⊓ indique un coup de médiator vers le bas, tandis que le signe V indique un coup de médiator vers le haut.

CD PLAGE 10

La technique de l'aller et retour ♩ = 90

Jouer en « aller et retour » au médiator, c'est jouer alternativement un coup vers le bas, un coup vers le haut.

Entraînez-vous avec un métronome réglé sur 80, comptez 1 et 2 et 3 et 4 et 1... et jouez tous les coups vers le bas sur les temps (1 2 3 4) et tous les coups vers le haut sur les « et » entre les temps.

CD PLAGE 11

Exercice médiator 2 ♩ = 90

Un deuxième exercice dans lequel vous allez travailler ce que l'on appelle les « croches en l'air », c'est-à-dire les notes situées entre les temps. Lorsque vous comptez 1 et 2 et 3 et 4 et 1… les croches en l'air sont situées sur les « et », tandis que les chiffres 1, 2, 3 et 4 tombent sur les temps.

CD PLAGE 12

Un peu de musique classique

Jouez lentement (♩ = 72) avec tous les coups de médiator vers le bas.

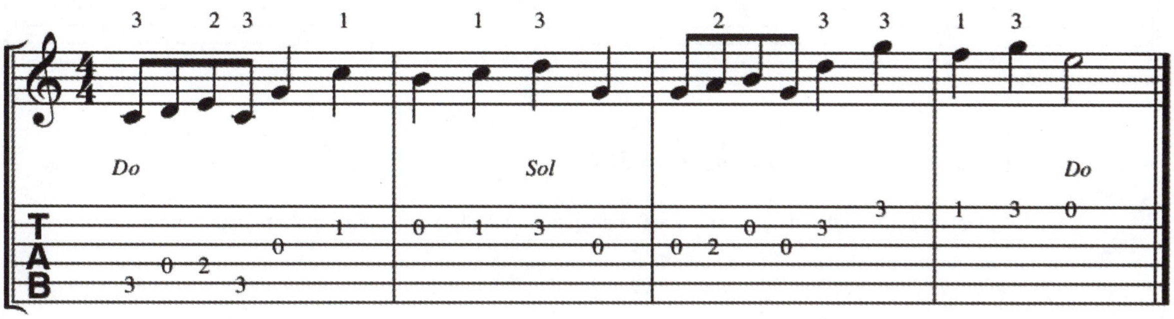

CD PLAGE 13

Dans le style de Michael Jackson ♩ = 100

Vous pouvez jouer ce morceau indifféremment avec les doigts de la main droite, ou bien au médiator.

Toutes les notes tombant sur les temps seront « attaquées » vers le bas, toutes celles tombant entre les temps seront « attaquées » vers le haut.

Les chiffres au-dessus de la portée vous indiquent les doigtés de la main gauche.

CD PLAGE 14

Dans le style de Téléphone ♩ = 100

Respectez l'aller et retour pour cette séquence et la régularité rythmique.

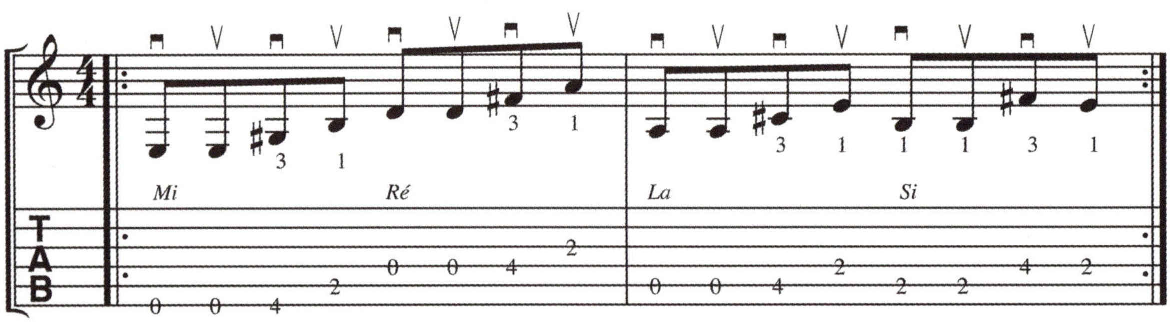

SOLFÈGE

Les notes et leur durée

- Le point placé après une note allonge la durée de celle-ci de la moitié de sa valeur.

  Exemples :

une ronde 𝅝 = 4 temps	une ronde pointée 𝅝. = 4 + 2 = 6 temps
une blanche 𝅗𝅥 = 2 temps	une blanche pointée 𝅗𝅥. = 3 temps
une noire ♩ = 1 temps	une noire pointée ♩. = 1 temps et demi

- Comptez bien les durées de chacune des notes en faisant attention lorsqu'elles sont pointées : une blanche vaut 2 temps, une blanche pointée 3 temps, une noire vaut 1 temps, une noire pointée 1 temps et demi.

CD PLAGE 15

Le Point : Exercice 1 ♩ = 85

Dans ce premier exercice, jouez les coups de médiator vers le bas.

CD PLAGE 16

Le Point : Exercice 2 ♩ = 85

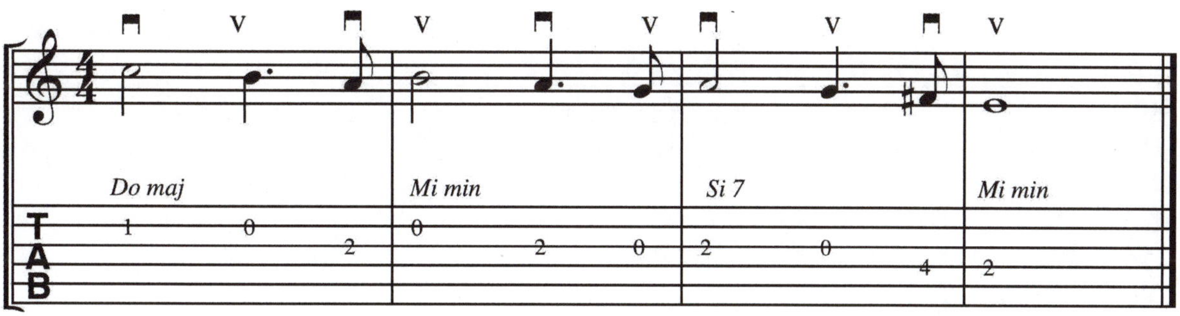

CD PLAGE 17

Le Point : Exercice 3 ♩ = 85

SOLFÈGE

La mesure à trois temps

Une mesure à 3 temps est une mesure qui ne contient que 3 temps, ce qui imprime au morceau un rythme, un balancement particulier. La musique à 3 temps la plus répandue est la valse, qui peut se décliner en valse musette, valse jazz, etc. Beaucoup de chansons et de musiques de film sont aussi écrites à 3 temps.

La fraction 3/4 est l'indication de mesure. Elle signifie qu'il y a 3 temps par mesure, chaque temps valant 1 noire (ou 2 croches). On appelle cela la mesure à 3 temps.

Dans l'exercice suivant, vous allez imaginer toutes les façons possibles d'écrire en 3/4. C'est-à-dire que chaque mesure doit comporter 3 temps, qui peuvent être différentes combinaisons de valeurs de notes : blanche pointée, blanche, noire pointée, noire, croche.

Les premiers exemples vous montrent la marche à suivre. À vous de continuer…

CD PLAGE 18

Dans le style de Amicalement vôtre ♩ = 90

Voilà un premier morceau dans lequel vous devrez faire attention aux sauts de cordes, la mélodie n'est pas jouée que sur des cordes consécutives, mais vous oblige à sauter une ou deux cordes.

Soyez précis !

Le hammer

Maintenant que vous maitrisez les bases, nous pouvons nous pencher sur « les effets ».
Le premier que nous allons travailler ici se nomme le *hammer-on* ou *hammer*.
On le signale sur la partition par un **H**.

Cela consiste à jouer une première note à la main droite, et à jouer la note suivante en frappant le manche, comme un marteau, à l'aide d'un doigt de la main gauche.

Dans l'exemple suivant, le ***sol*** (case 0) est joué à la main droite au médiator ou à l'aide d'un doigt, tandis que le ***la*** (case 2) est obtenu en frappant le manche à l'aide du majeur de la main gauche.

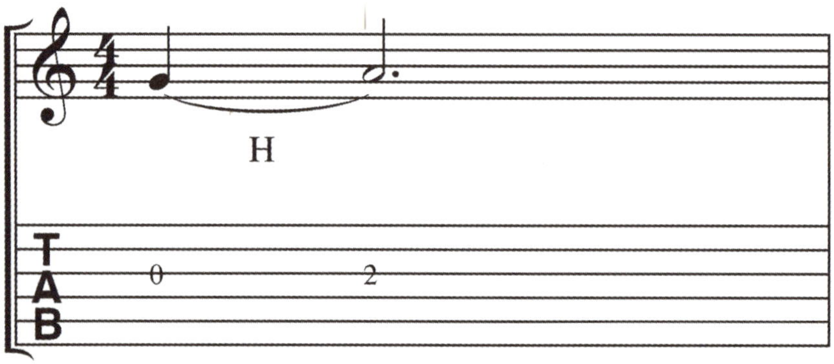

Petite histoire de la guitare…

La guitare est issue d'une longue tradition d'instruments à cordes munis d'un manche et d'une caisse de résonance qui permet de transformer les vibrations des cordes en nylon, en sons ou ondes sonores. Ce type d'instrument est présent dans les musiques traditionnelles du monde entier sous différentes formes (luth, oud, balalaïka, bouzouki, mandoline, charango, ukulélé, etc.).

Les Maures ont introduit l'ancêtre directe de la guitare (guitare moresche) en Espagne au xe siècle, qui a rapidement évolué pour donner la forme que l'on connait.

Les compositeurs classiques ont beaucoup écrit pour la guitare à partir du xviiie siècle (Sor, Carulli, Tárrega, Villa-Lobos, etc.), l'une des pièces les plus célèbres étant le Concerto d'Aranjuez écrit par Joachín Rodrigo (1939).

Puis la guitare a évolué au xxe siècle avec l'apparition et le métissage de nombreux styles musicaux : folk, blues, jazz, country, bossa nova, bluegrass, rock, hard-rock metal, etc. La guitare folk est apparue, munie de cordes en acier, puis la guitare électrique, équipée d'un ou deux micros et d'un équalisateur. Cette guitare se branche ensuite à un amplificateur qui permet de régler le volume à sa convenance, et d'y ajouter par la suite de nombreux « effets » qui transforment le son (*phasing, chorus, pitch detune, octaver, delay, reverb, distorsion, fuzz, crunch*, etc.). Avec l'apparition du numérique sont nées les guitares-synthétiseurs, qui transforment dans un premier temps les vibrations des cordes en signaux informatiques, capables ensuite de lire différentes types de sons échantillonnés.

Il existe quelques autres guitares hors-normes, comme les guitares fretless, les guitares sept cordes, huit cordes et plus, les guitares à double manche, les guitares baryton par exemple.

Les différentes techniques de jeu pour la main droite

Il existe aujourd'hui différentes techniques de jeu pour la main droite. La musique classique utilise la technique du buté, et des cordes pincées. L'accompagnement de chansons, le fingerpicking, la bossa nova utilisent aussi les cordes pincées. Toutes les musiques issues du blues, du rock et tous ses dérivés actuels sont jouées la plupart du temps à l'aide d'un médiator (anciennement un plectre).

Concernant la main gauche citons certains effets comme le slide, le hammer, le pulling-off, puis les techniques plus récentes comme le *tapping*, le *sweeping*, le jeu en *legato*.

CD PLAGE 19

Dans le style des Beatles ♩ = 160

Voici une application directe du *hammer*. Jouez toutes les notes au médiator vers le bas, et commencez lentement pour atteindre la vitesse de ♩ = 160.

Quelques points à retenir sur le travail de ce chapitre

- Vous devez en toute situation produire un son qui soit beau, c'est-à-dire que la corde doit être bien pincée à la main droite, et le doigt de la main gauche doit appuyer suffisamment fort sur la case afin que l'on n'entende pas un « bzzz », mais bien un son pur et bien net pour chaque note.
- N'hésitez pas à reproduire les exercices techniques pour vous échauffer les doigts le matin.
- Essayez de reproduire cette gamme majeure de *do* en partant de la huitième case sur la corde de *mi* grave.

Troisième partie

L'accompagnement

Dans cette partie...

Vous apprendrez les notions utiles à l'accompagnement : accords, arpèges, ainsi que les styles d'accompagnement (pop-rock, pop-électro, pop-jazz, funk etc.) De nombreux morceaux « Dans le style de ... » vous seront proposés pour vous amuser un peu avec votre instrument !

Chapitre 5

Les accords

Dans ce chapitre…

- Les accords, oui ? Mais lesquels ?
- Un métronome pour jouer en rythme !

Pour jouer de la guitare, il est indispensable de maîtriser les accords. Vous verrez dans ce chapitre les positions d'accords fondamentaux qui vous permettront de jouer par la suite une grande variété de morceaux !

Qu'est-ce qu'un accord ? Comment l'écrit-on ?

Un accord est un groupe d'au moins 3 notes, jouées en même temps.
On peut le représenter de 3 manières différentes :

La portée

La tablature

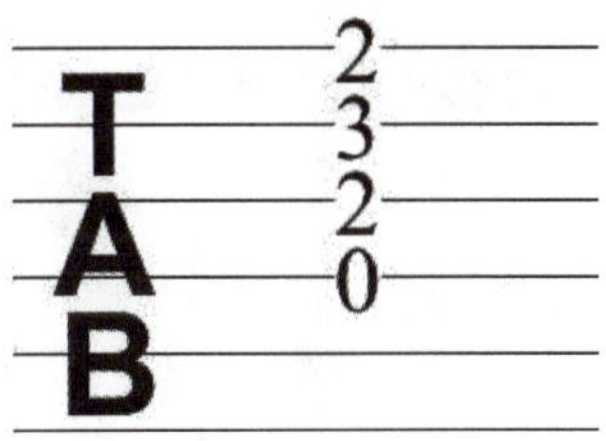

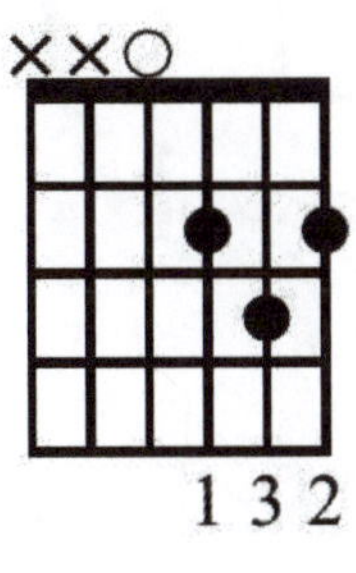

Le diagramme

Le diagramme représente le manche de la guitare.
Les lignes verticales représentent les cordes, les lignes horizontales représentent les barrettes.

Les points noirs montrent l'emplacement des doigts.
o signifie qu'il faut jouer cette corde à vide, **x** signifie qu'il ne faut pas jouer cette corde et **1, 2, 3, 4** sont les doigts de la main gauche.

Pourquoi des accords ? Parce qu'on peut le faire !

La guitare est un instrument polyphonique, capable de produire plusieurs sons en même temps, c'est pourquoi elle a souvent un rôle d'accompagnement, et cela dans tous les styles de musique.

Les accords permettent de produire l'harmonie d'un morceau, certains d'entre eux décrivent un climat plutôt joyeux, serein, ce sont les accords majeurs.

D'autres produisent un son plus sombre, plus triste, plus nostalgique, ce sont les accords mineurs.

Enfin une dernière catégorie engendre une forme de mouvement, de tension, qui laisse attendre quelque chose derrière, ce sont les accords 7e de dominante.

On va étudier tout cela petit à petit avec des exercices et des morceaux, et vous allez vite apprendre à reconnaître ces différents types d'accords et d'ambiances harmoniques !

Les premiers accords

Commençons par apprendre deux accords : ***la* mineur** et ***do* majeur**.

Sur la partition on les écrit ***la* min** et ***do***.

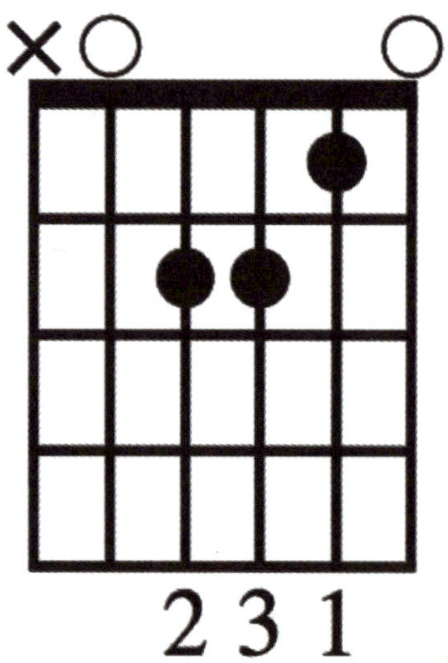

La mineur

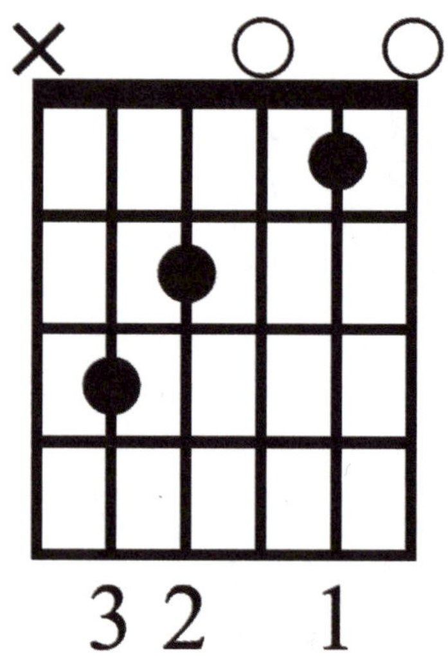

Do

Les doigts de la main gauche arrivent bien perpendiculairement au manche.

Les premiers rythmes

On commence avec des noires, ce qui veut dire une note par temps.

Réglez votre métronome à ♩ = 90 et jouez une note à chaque battement, en comptant 1 2 3 4 1 2 3 4...

Commencez avec l'accord de la min

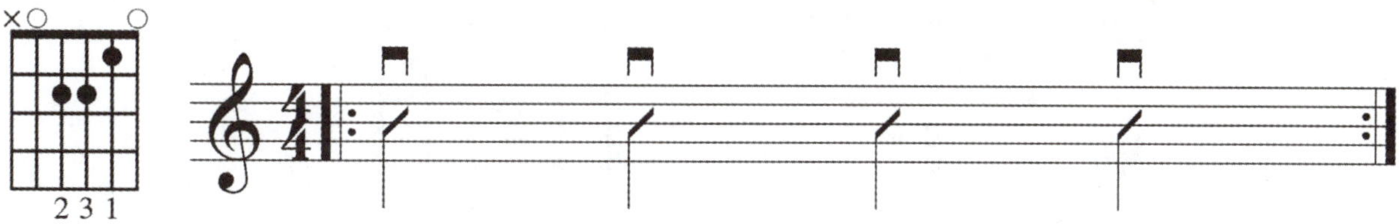

On mélange maintenant les blanches et les noires. Ici vous jouez la note sur le temps 1 et vous la laissez résonner sur le 2. Vous jouez ensuite les noires sur 3 et 4.

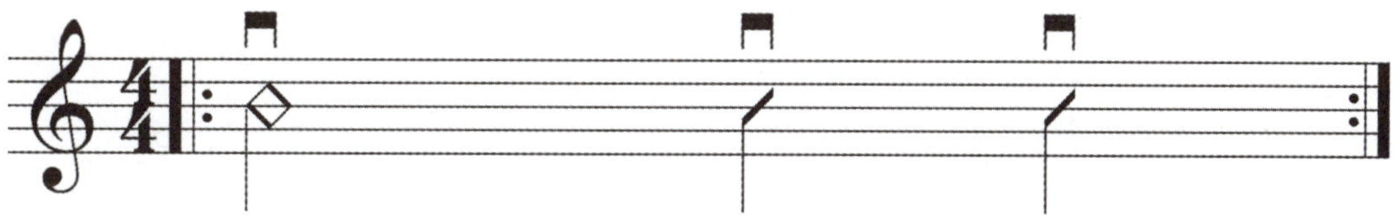

Faites la même chose avec des croches en comptant 1 et 2 et 3 et 4 et 1...

Les notes qui tombent sur les temps (1 2 3 4) sont jouées vers le bas, tandis que les notes qui tombent entre les temps (sur les « et ») sont jouées en remontant.

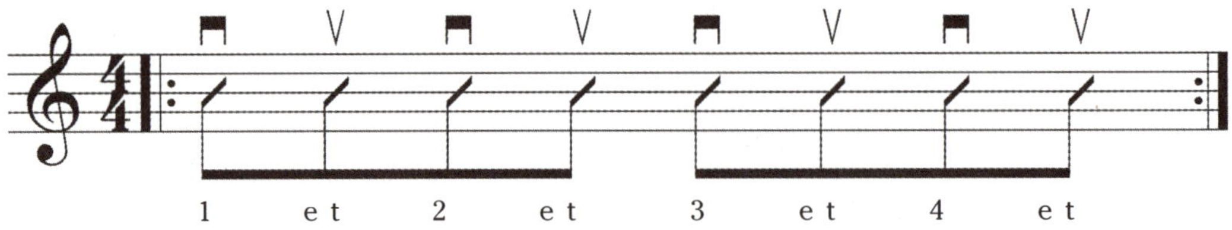

On va maintenant mélanger les 4 figures de rythmes étudiées : ronde, blanche, noire et croche. Pensez juste à compter 1 2 3 4... etc. en même temps que les coups de métronome.

Voici à titre d'exemple, et dans chacune des mesures, différentes combinaisons de valeurs de notes, équivalentes à 4 temps.

Réglez toujours le métronome à ♩ = 90

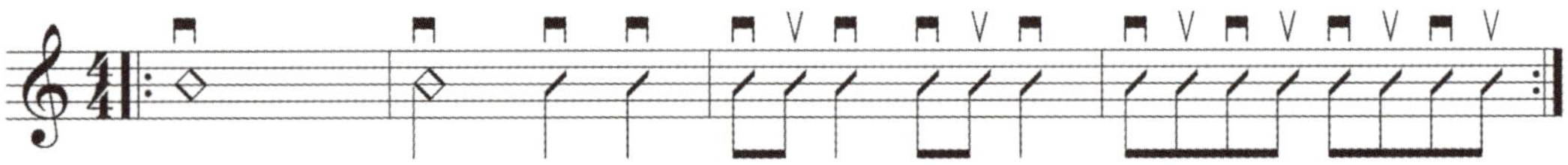

CD PLAGE 20

Exercices avec changement d'accords

Vous allez utiliser dans cet exercice les accords de *la* min et de *do,* étudiés au début de cette leçon. On commence avec des noires, une mesure en *la* min, l'autre en *do*.

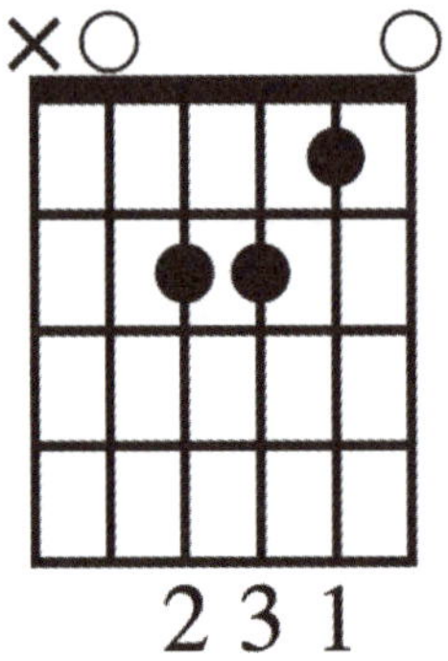

***La* mineur**

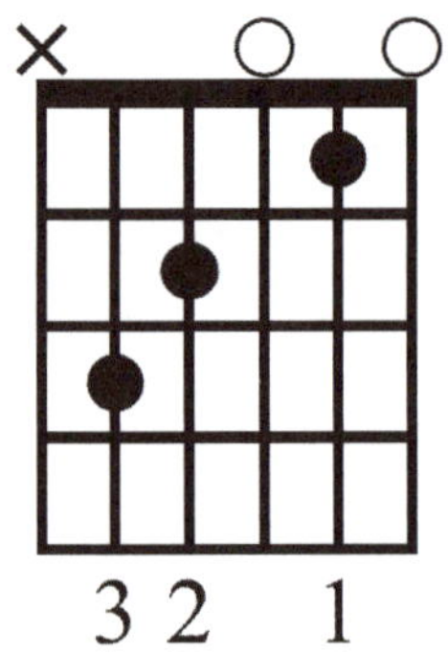

Do

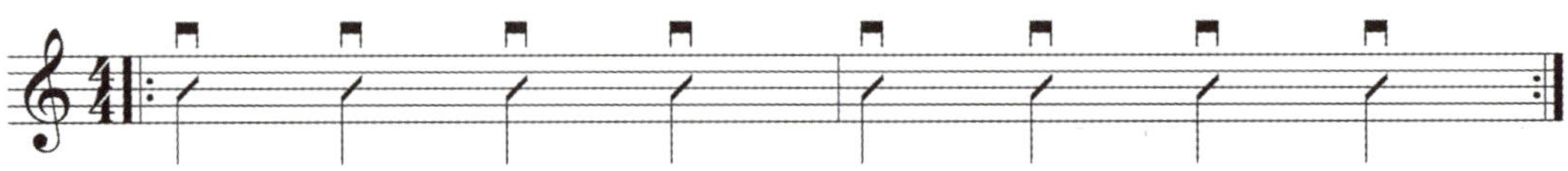

À SAVOIR

Remarquez que lorsque l'on passe du *la* min au *do*, les doigts 1 et 2 restent à la même place. Ce n'est donc pas la peine de décoller tous les doigts de la main gauche pour changer d'accord. Il n'y a que le 3 à bouger.

CD PLAGE 21

CD PLAGE 22

CD PLAGE 23

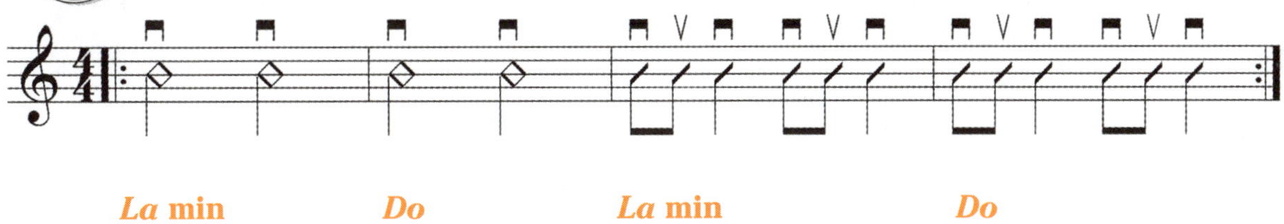

CD PLAGE 24

Nouveaux accords

Voici deux nouveaux accords, le ***sol*** **majeur** et le ***mi*** **septième**.

Commencez par les travailler séparément. Jouez la position du nouvel accord puis retirez vos doigts.

Recommencez jusqu'à ce que vous ayez mémorisé sa position.

Sol **majeur**

Mi **septième**

Entraînez-vous à passer de l'un à l'autre et remarquez que le doigt 2 ne bouge pas !

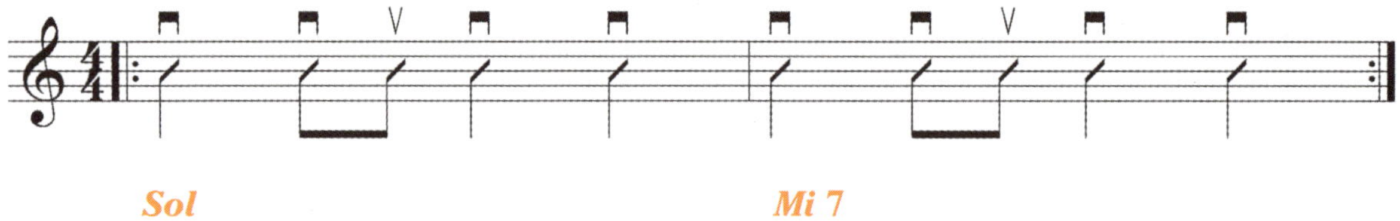

Enchaînement d'accords ♩ = 90

Avant de travailler des morceaux, il faut savoir enchaîner les accords de base. Voici un exercice regroupant les quatre accords étudiés jusqu'à présent.

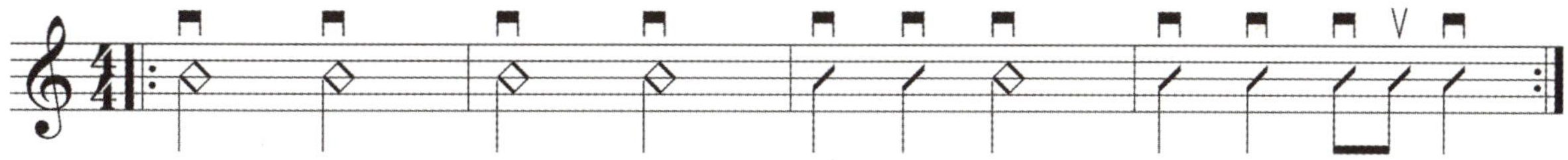

Pour passer de do à sol, il faut décaler les doigts 2 et 3 d'une corde vers le haut, puis ajouter le 4 sur la 1re corde.

Dans le style de Jacques Dutronc ♩ = 116

Voici maintenant un morceau dans le style de Jacques Dutronc qui fait intervenir trois nouveaux accords : *ré* majeur (*ré*), *la* majeur (*la*) et *mi* majeur (*mi*). Remarquez que le *mi* est très proche du Mi 7 que vous connaissez déjà.

Ré

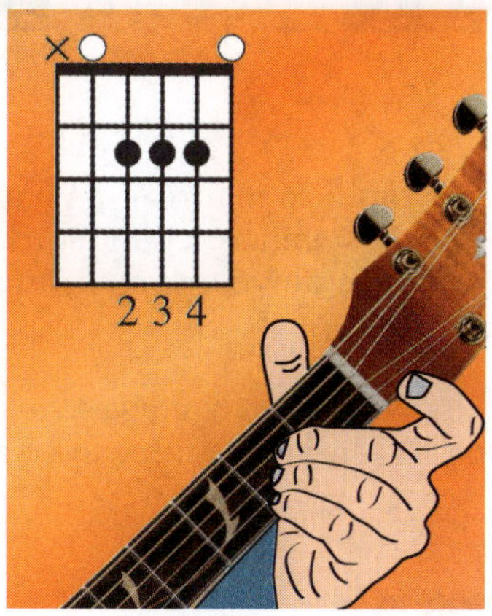

La

Mi

Écoutez bien l'interprétation du CD et inspirez-vous-en pour reproduire le balancement *swing* de ce morceau.

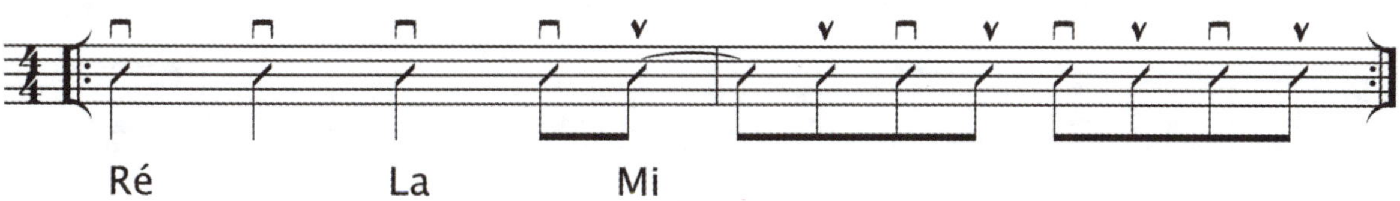

Le *Swing* est une interprétation rythmique qui consiste à interpréter les croches de manière « ternaire », c'est-à-dire que la première est plus longue et la seconde plus courte. C'est comme si on divisait le temps en 3 parties et que l'on jouait sur le 1 (long) et sur le 3 (court).

Les accords en barrés

L'accord en barré est un élément indispensable du jeu de guitare. Il permet de transposer un accord dans toutes les tonalités, en le jouant à n'importe quelle hauteur du manche. **L'index qui barre les cordes joue le même rôle que le sillet de votre guitare.**

Par exemple, l'accord de *la* mineur que vous connaissez devient un accord de *si* mineur avec un barré en case 2 :

La m

Si m

Cette technique est très rapide à maitriser à condition de la travailler régulièrement. Travaillez cette position de *si* mineur et appliquez-vous à faire sonner chacune des notes séparément. Toutes les notes doivent sonner, aucune d'entre elles ne doit produire un son étouffé.

Veillez à bien garder le pouce de la main gauche derrière le manche, en son milieu, ce qui vous permettra d'avoir davantage de force avec les autres doigts.

CD PLAGE 27

Dans le style de Sting ♩ = 100

Voici un morceau dans le style de Sting qui vous permettra de vous familiariser avec cet accord.

Le signe est un silence qui équivaut à une croche (1 demi-temps). Il intervient ici sur le deuxième et sur le quatrième temps sur lesquels vous ne devez rien jouer. Écoutez le CD.

Sting est bassiste, contrebassiste, guitariste et chanteur. Il a été le leader du groupe Police dans les années 80, et mène depuis une carrière d'artiste solo mondialement reconnue. Il a enregistré de nombreux albums et il continue d'enregistrer et de donner des concerts à travers le monde.

La liaison

La liaison est un signe qui permet d'augmenter la longueur d'une note (ou d'un accord), de la valeur correspondant à la note (ou à l'accord) située après la liaison. Elle peut intervenir à l'intérieur d'une mesure, mais aussi pour lier une note de la fin d'une mesure à une note en début de mesure suivante.

Par exemple une blanche liée à une noire vaut 3 temps = 3 temps.

Une croche liée à une autre croche équivaut à une noire et vaut 1 temps = 1 temps

Dans le style des Gipsy Kings ♩ = 85

L'accord de *mi* majeur que l'on a étudié, devient un accord de *fa* majeur avec un barré en case 1 :

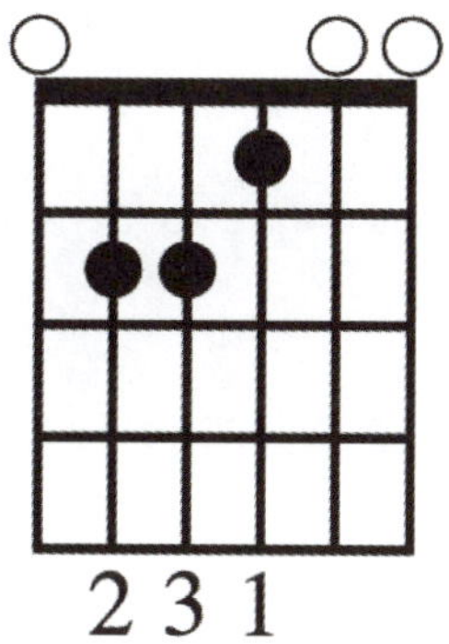

Mi

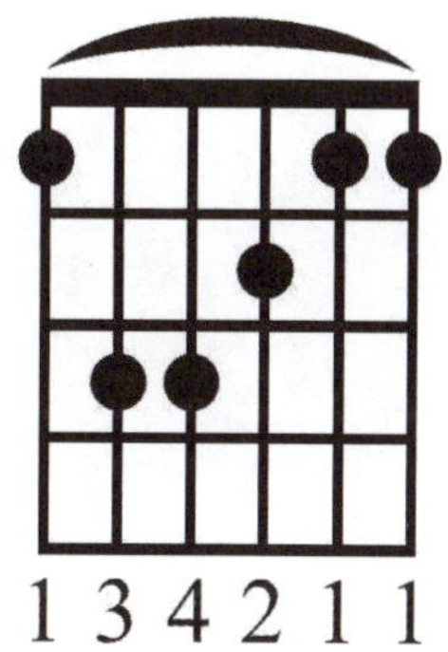

Fa

Ici l'accord qui tombe sur le 4e temps n'est pas joué car il est lié à l'accord précédent.

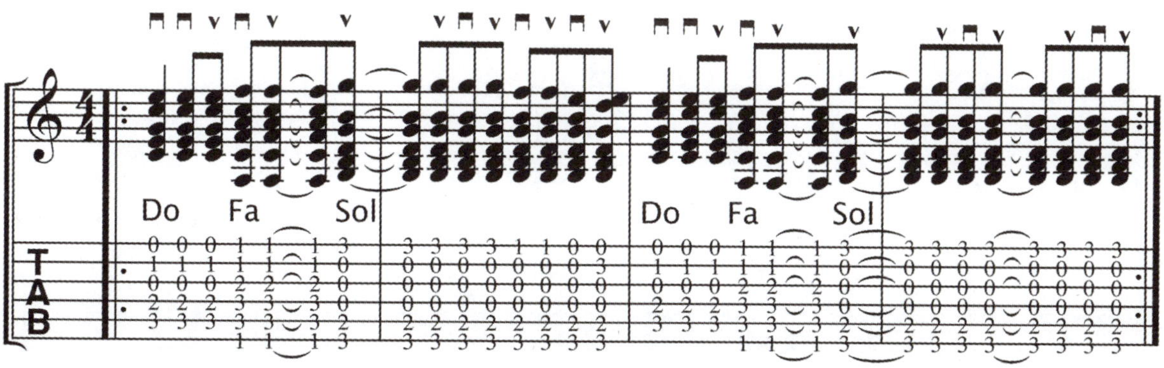

Les **Gipsy Kings** sont des gitans, guitaristes et chanteurs du sud de la France mais d'origine Espagnole. Leurs reprises de « Bamboleo » et de « Hotel California » les ont rendus célèbres à travers le monde.

Quelques points à retenir sur le travail de ce chapitre…

Entraînez-vous à travailler le plus possible à l'aide du métronome qui vous marque les temps. Si vous travaillez l'exercice d'aller et retour en croches, vous aurez à chaque fois une note qui tombera sur le battement du métronome, et la suivante qui tombera entre les coups de métronome. Soyez le plus précis possible.

Vous pouvez aussi vous habituer à jouer en tapant du pied sur le temps, c'est une façon de faire qui aide bien souvent à mieux sentir le rythme et donc à mieux placer les notes.

Chapitre 6

Les arpèges

Dans ce chapitre…

- Les différents types d'arpèges
- Le triolet, la double-croche, vous n'êtes pas au bout de vos surprises « rythmiques » !

Le jeu en arpèges consiste à jouer les notes d'un accord non plus simultanément mais l'une après l'autre. Un arpège peut être ascendant (du grave vers l'aigu) ou descendant (de l'aigu vers le grave).

Différents types d'arpèges pour se dégourdir les doigts

On va commencer par quelques exercices destinés à vous délier les doigts, puis on va étudier les techniques d'arpèges les plus employées.

L'arpège

Vous allez pouvoir vous entraîner avec quelques exercices sur les arpèges de base.

CD PLAGE 29

Arpège 1 ♩ = 80

Jouez lentement, en respectant bien les doigtés.

Réglez votre métronome à ♩ = 80 et jouez les notes en même temps que les battements.

CD PLAGE 30

Arpège 2 ♩ = 80 à 100

La même chose en croches. Une note sur deux tombe avec le métronome.

Vous pouvez compter 1 et 2 et 3 et 4 et 1… etc., pour vous aider.

Commencez lentement à 80 au métronome, puis montez progressivement la vitesse jusqu'à 100.

CD PLAGE 31

Arpège 3 ♩ = 80 à 100

Cette fois, on alterne les cordes 2 3 4 et les cordes 1 2 3.

CD PLAGE 32

Arpège 4 ♩ = 80 à 100

La basse reste inchangée mais on descend l'arpège cette fois, de l'aigu vers le grave.

L'arpège brisé

Si l'on joue les notes de l'accord dans le désordre, nous parlons d'arpège brisé.

Arpège brisé 1 ♩ = 80 à 100

Voici ce que l'on appelle un arpège brisé, que l'on retrouve, comme tous les autres, dans de nombreux accompagnements de chansons.

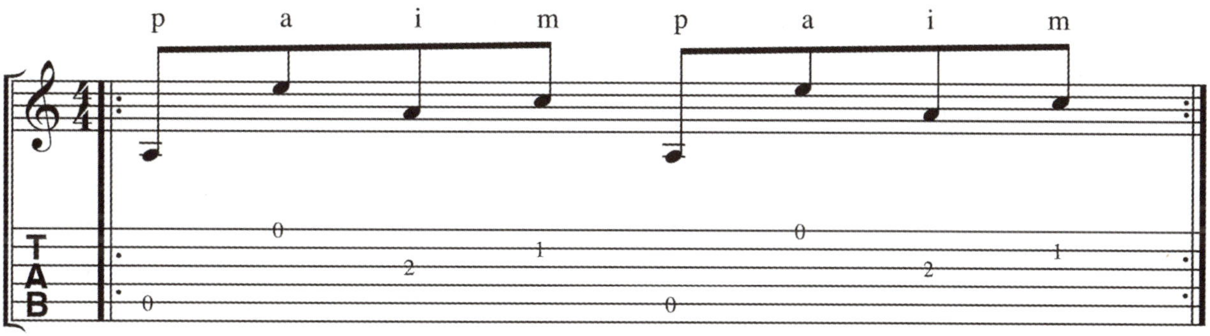

Arpège brisé 2 ♩ = 100

Cet arpège est l'un des plus utilisés dans les accompagnements de chansons.

Arpège brisé 3 ♩ = 100

Une variante du précédent.

CD PLAGE 36

Arpège brisé 4 ♩ = 100

Le même arpège mais sur deux accords cette fois, puisque l'on ajoute le Fa Maj7, que l'on prononce « *fa* majeur 7 » ou bien « *fa* septième majeure ». (Voir la construction des accords au chapitre 13).

À SAVOIR

Construction des accords

***do* Maj** : est constitué d'une fondamentale (*do*), d'une tierce (*mi*) et d'une quinte (*sol*).

On appelle cet accord de 3 sons une triade.

***fa* Maj7** : est constitué d'une fondamentale (*fa*), d'une tierce (*la*), d'une quinte (*do*) et d'une septième majeure (*mi*). **On appelle cela un accord à 4 sons.**

L'arpège en basses alternées

Le procédé de basses alternées consiste, comme son nom l'indique, à alterner les basses de l'accord.

CD PLAGE 37

Arpège en basses alternées 1 ♩ = 110

On garde une forme d'arpège assez simple, déjà étudiée, mais on alterne les basses sur les temps 1 et 3. En début de deuxième mesure on ajoute la quinte (*sol*) à la basse. Il suffit de déplacer le doigt 3 (annulaire) de la main gauche d'une corde vers le haut.

SOLFÈGE

La double-croche

La double-croche est la subdivision de la croche. Il faut 2 double-croches pour faire une croche, et donc 4 double-croches pour faire un temps.

Pour battre la mesure en double-croches vous pouvez par exemple compter : 1 et puis et 2 et puis et 3 et puis et 4 et puis et 1… etc. « 1 et puis et » représentent les **4 divisions du temps**.

CD PLAGE 3

Arpège en basses alternées 2 ♩ = 60

On va jouer cette fois-ci en double-croches. Vous allez régler le métronome sur ♩ = 60, et vous allez jouer 4 notes par temps.

CD PLAGE 39

Arpège en basses alternées 3 ♩ = 60

CD PLAGE 40 — *Arpège en basses alternées 4* ♩ = 60

Le même exercice que le précédent mais en plus condensé. Il est destiné à vous faire acquérir de la précision dans le pincement des cordes.

Commencez lentement pour arriver à ♩ = 60.

Accords à 2 sons, 3 sons, 4 sons ou plus ?

Ce n'est pas par ce qu'il y a six cordes sur une guitare que l'on doit jouer obligatoirement des accords à six notes !

Citons trois cas de figures : dans la musique folk ou dans l'accompagnement de chanson, on utilise souvent des accords à cinq ou six notes, et si possible avec une ou deux cordes à vide car ce que l'on cherche c'est du son, de la résonance, les accords en haut du manche (près du sillet) sont donc parfaits pour cela.

Dans le rock au contraire, on recherche davantage l'énergie, le côté percutant, et souvent avec un son plus ou moins saturé, c'est pour cela que l'on utilise fréquemment les *power chords*, des accords à deux sons qui sont constitués de la fondamentale et de la quinte. Ils ne sont pas riches d'un point de vue harmonique, mais ils produisent un son très puissant, très affirmé, qui met en valeur la fondamentale.

Et puis il y a les musiques comme le blues, le jazz, la bossa nova, où l'on a besoin d'harmonies plus riches, plus subtiles, et dans ce cas, les accords étendus (avec neuvièmes, onzièmes, treizièmes) voire les polychords, vont être souvent utilisés. Mais on ne va en jouer que deux, trois ou quatre sons bien souvent, ce qui rend possible de nombreuses combinaisons sur le manche, et ce qui demande de nombreuses heures de travail !

Dans le style de Francis Cabrel ♩ = 120

CD PLAGE 41

Un accompagnement construit autour de l'accord de *sol* majeur, avec un mouvement de basse.

PORTRAIT

Francis Cabrel est un auteur compositeur français. Il a enregistré de nombreux albums et dirige un stage d'écriture de chansons deux fois par an à Astaffort dans le Lot-et-Garonne.

Dans le style de Nino Ferrer ♩ = 80

CD PLAGE 42

Voici un exercice avec une progression harmonique très classique et très souvent employée. Prenez garde à bien faire ressortir la ligne de basses descendante.

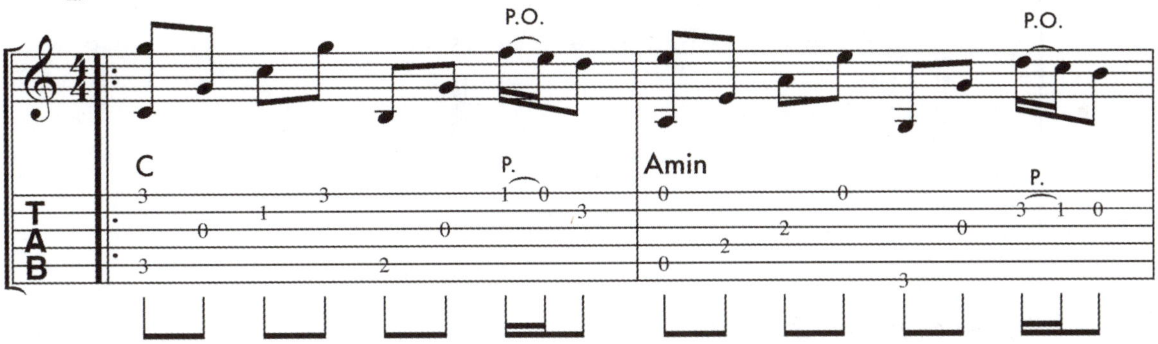

C = *do* A = *la* F = *fa* G = *sol*

Reportez-vous au mémo-solfège, chapitre 13, pour le chiffrage international des accords.

Le triolet

Le triolet est une figure de rythme qui permet d'écrire (et de jouer) 3 notes là où il n'y en a que 2 normalement.

Pour le triolet de croches, par exemple, on va diviser un temps en 3 parties égales, et on va écrire 3 croches de la manière suivante :

Pour battre la mesure en triolets, vous pouvez compter par exemple : 1 et puis 2 et puis 3 et puis 4 et puis 1… etc.

Les arpèges en triolets

Rien de bien sorcier, il suffit de jouer les arpèges sous la forme rythmique du triolet que vous venez de voir. C'est parti !

CD PLAGE 43

Arpège en triolets 1 ♩ = 60

En position de *la* min

CD PLAGE 44

Arpège en triolets 2 ♩ = 60

La même chose avec la basse alternée.

CD PLAGE 45

Arpège en triolets 3 ♩ = 60

Avec basse alternée et changement de groupe de cordes.

Quelques points à retenir sur le travail de ce chapitre

- Pour le travail des accords il est important de bien positionner ses doigts dès le départ ! Si vous prenez de mauvaises habitudes ou bien une mauvaise position, vous aurez beaucoup de mal à les rectifier par la suite.
- Pensez à la position de votre main gauche, avec les doigts perpendiculaires à la touche.
- Gardez aussi votre dos droit, c'est important.
- Veillez à ce que chaque corde jouée produise un son, et qu'aucune d'entre elles ne soit étouffée par un doigt de la main gauche mal positionné.
- Entraînez-vous à toutes sortes d'enchaînements des accords que vous connaissez. Jouez-les en 4/4 et en 3/4.

Chapitre 7

Le fingerpicking

Dans ce chapitre…

- Découverte du jeu aux doigts et du *fingerpicking*
- Premiers exercices d'initiation

Cette technique convient particulièrement pour jouer des arpèges et se joue sans médiator.

Le fingerpicking

Le *fingerpicking* (« jeu aux doigts » en Anglais) est une technique originaire des États-Unis employée en musique country et en blues. Elle a été popularisée en France à partir des années 1970 par Marcel Dadi.

Dans cette technique le pouce joue les basses sur les 3 cordes graves, tandis que les 3 autres doigts de la main droite produisent l'accompagnement et la mélodie sur les 3 autres cordes.

Exercez-vous !

Nous vous proposons quelques exercices pour vous initier au fingerpicking. Impressionnez-nous !

CD PLAGE 46

Exercice de fingerpicking 1 ♩ = 92

Le jeu de basses alternées constitue la base du *fingerpicking*.

On va maintenant ajouter des notes de mélodie entre les basses !

CD PLAGE 47

Exercice de fingerpicking 2

CD PLAGE 48

Exercice de fingerpicking 3

CD PLAGE 49

Exercice de fingerpicking 4

Voici une des figures rythmiques les plus utilisées dans cette musique.

Travaillez cette figure jusqu'à ce qu'elle devienne automatique. Jouez-la en chantant les basses uniquement, puis les autres notes.

Exercice de fingerpicking 5 ♩ = 120

Un exercice qui ressemble à beaucoup de morceaux tant la suite d'accords est des plus courantes.

Le jeu aux doigts

Beaucoup de guitaristes qui s'accompagnent à la guitare, ou bien ceux qui jouent essentiellement du rock ou l'un de ses dérivés, ne connaissent que la technique du médiator. C'est bien mais c'est dommage de se limiter à cela ! Des musiques comme la bossa nova, le picking, le jazz, ne pourraient pas être jouées de la même manière (voire même pas jouées du tout) sans la technique du jeu aux doigts. Pensez que les doigts permettent aussi des nuances plus grandes, des sauts de cordes, et surtout le développement du jeu en arpèges qui peut revêtir de nombreuses formes. On voit d'ailleurs aujourd'hui de plus en plus de guitaristes électriques adopter cette technique (Jeff Beck, Mark Knopfler, … et plus près de chez nous, Nelson Veras, etc.)

CD PLAGE 51

Dans le style de Kansas ♩ = 120

Gardez le tempo à ♩ = 120 et laissez-vous porter par la mélodie.

PORTRAIT

Kansas est un groupe de rock progressif américain qui a enregistré et joué de nombreux concerts entre la fin des années 70 et l'année 2000. Ses plus gros succès ont été « Dust in the Wind », et « Carry on my Wayward Son ».

Quelques points à retenir sur le travail de ce chapitre...

Dans le jeu en arpèges, veillez à ce que toutes les cordes soient jouées avec la même intensité, et à ce que chaque son soit le plus propre possible.

Si vous avez du mal avec un enchaînement de positions, commencez par le travailler en accords, et passez au jeu en arpèges lorsque vous vous sentez plus sûr de vous.

Chapitre 8

Les styles d'accompagnement

Dans ce chapitre...

- Découvrez en quoi consiste l'accompagnement
- Entraînez-vous à jouer dans le style folk, pop-rock, pop-électro ou pop-jazz

L'accompagnement à la guitare peut se faire de différentes manières. Lorsque l'on joue des accords par exemple, on peut les jouer sur l'ensemble des six cordes, ou bien seulement sur cinq, quatre, et même trois cordes.

On peut jouer ces accords au médiator ou bien avec les doigts qui balaient les cordes. On peut aussi jouer ces accords en arpèges, de manière à produire un accompagnement plus doux.

Et on peut enfin, c'est le cas en rock, en blues ou en funk, jouer ce que l'on appelle un riff, c'est-à-dire une courte séquence harmonique construite sur deux ou trois cordes seulement, et qui constitue un élément reconnaissable du morceau (certains titres des Beatles, des Rolling Stones, de Michael Jackson, etc., sont connus pour leur riff d'introduction).

Le folk

De Johnny Cash à James Blunt, en passant par Bob Dylan, le folk constitue aujourd'hui une catégorie à part entière de la musique populaire et se joue de préférence en fingerpicking.

CD PLAGE 52

Dans le style de Bob Dylan ♩ = 76

Jouez en aller simple (vers le bas) toutes les croches, et en aller-retour les double-croches. En deuxième mesure, pensez à étouffer la corde de *mi* grave avec le pouce de votre main gauche pour l'empêcher de résonner.

Bob Dylan est sans doute le plus grand *songwriter* (auteur de chansons) américain. Reconnaissable à sa voix très particulière et à un placement rythmique très personnel, il a été un chanteur très engagé politiquement et continue de donner des concerts à travers le monde.

Dans le style de Neil Young ♩ = 84

Pas de difficulté particulière pour cet exercice. Prenez garde à bien faire sonner le *hammer* en mesure 2 entre le *la* et le *si*.

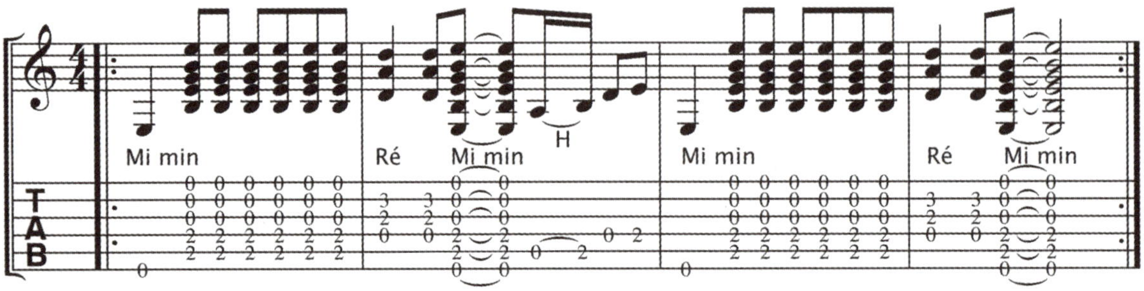

Neil Young est un artiste canadien, chanteur guitariste folk et rock, très célèbre dans les années 70. Il a participé au festival de Woodstock avec le groupe Crosby, Stills, Nash and Young, et son plus gros succès a été l'album *Harvest*.

Dans le style de James Blunt ♩ = 76

Voici une manière de s'accompagner qui consiste à jouer des accords, en faisant ressortir une petite mélodie à l'intérieur. Ici on va mettre en avant la mélodie suivante dans les accords.

Le signe 𝄽 s'appelle un soupir, c'est un silence qui correspond à 1 temps, la durée d'une noire (voir le mémo solfège en fin de volume).

Jouez d'abord cette mélodie seule, et ensuite essayez de l'entendre dans les accords suivants.

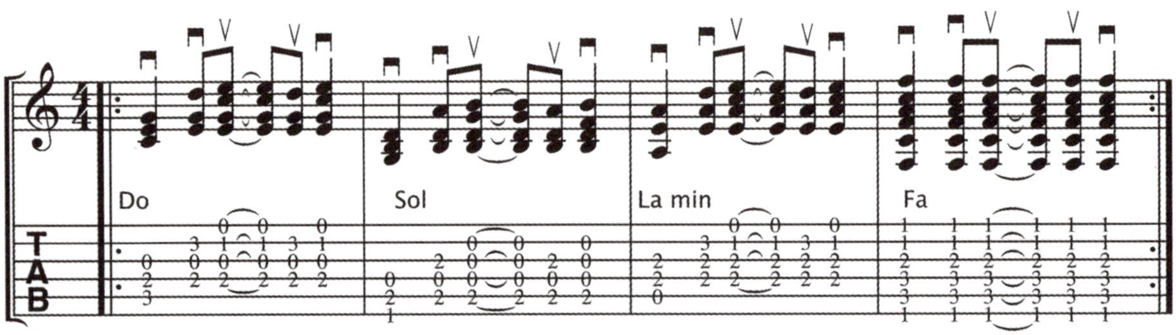

CD PLAGE 55 — *Dans le style des Eagles* ♩ = 84

Une suite d'accords un peu plus longue et écrite d'une manière différente. Vous voyez que le rythme est écrit dans chaque mesure (il est identique pendant tout le morceau). Les accords sont écrits au-dessus de la portée. Écoutez le CD pour savoir comment jouer et faire balancer ce rythme.

Remarquez que l'on commence toujours par jouer les basses des accords.

Voici le détail du jeu au médiator pour cette séquence rythmique.

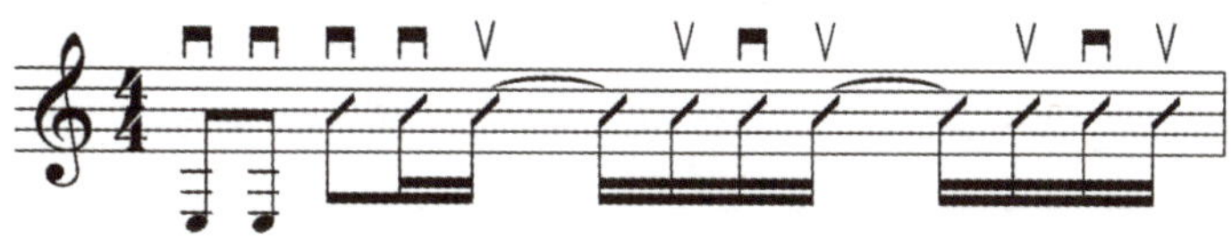

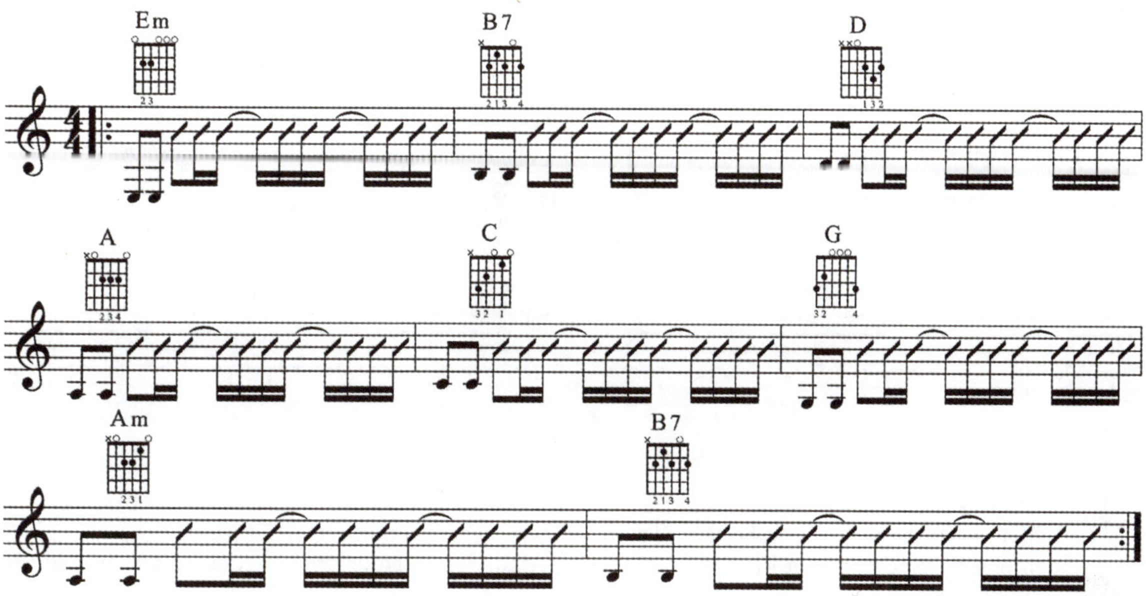

PORTRAIT

Eagles est un groupe de country rock californien, fondé à Los Angeles en 1970, et dissous en 1980. Il a enregistré une dizaine d'albums et leur plus grand succès a été « Hotel California », encore joué dans le monde entier aujourd'hui.

Le pop-rock et le pop-électro

La musique pop apparue dans les années 1960 aux États-Unis s'est divisée depuis en plusieurs sous-genres. Le pop-rock est un mélange subtil de la pop aux paroles légères et du rock avec son accompagnement à la guitare. Le pop-électro consiste à faire du synthétiseur un élément majeur de la musique pop. Vous allez désormais pouvoir vous entraîner à ces deux styles bien différents.

CD PLAGE 56

Dans le style de Coldplay ♩ = 80

Une rythmique à 4 accords, assez simple au niveau des accords, qui va vous permettre de travailler la percussion à la main droite.

À chaque fois que vous rencontrez ce signe x, cela signifie que vous devez frapper les cordes avec le côté de votre main droite, de manière à produire une légère percussion tout en étouffant les cordes.

Écoutez le CD et vous comprendrez comment ça doit sonner.

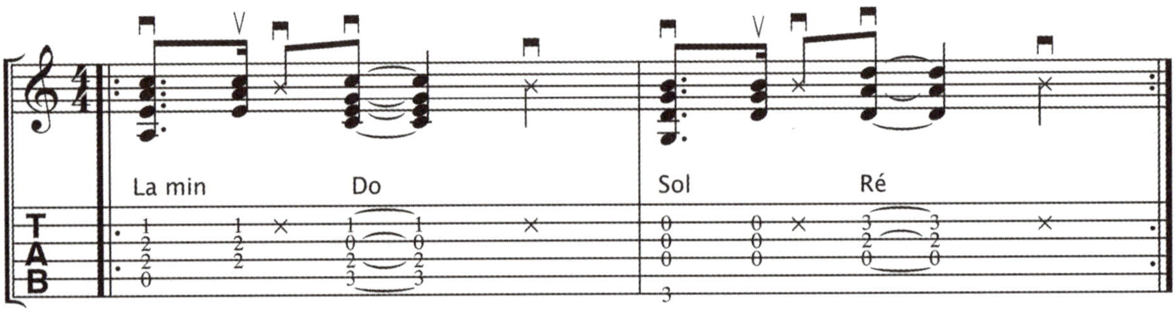

PORTRAIT

Coldplay est un groupe britannique né en 1996, fondé par Chris Martin et Jon Buckland. Il a vendu près de 60 millions d'albums à ce jour. Sa musique est décrite comme un mélange de pop mélodique et de rock alternatif. Son dernier gros succès en date est le titre « Paradise ».

CD PLAGE 57

Dans le style de The Verve ♩ = 80

Encore une rythmique avec 4 accords que vous connaissez maintenant. Ici vous commencez par jouer les basses en croches, puis l'accord en noire.

Remarquez la percussion, signalée par un **x** à la fin de chaque mesure. Vous la jouez avec un coup de médiator vers le haut, tout en étouffant les cordes à l'aide de la main gauche (vous changez de position d'accord à ce moment précis).

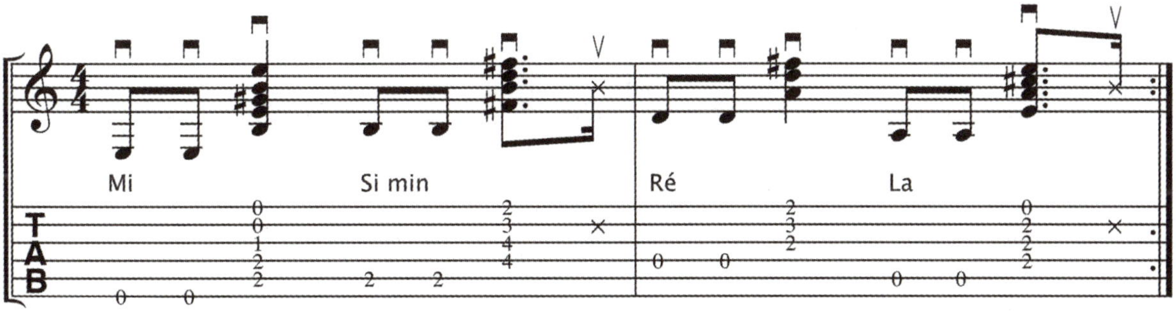

The Verve est un groupe anglais né dans les années 90 et qui s'est dissout en 2009. Ils ont produit un rock psychédélique avec un travail sur le son qui a été leur marque de fabrique. Leur plus gros succès a été « Bitter Sweet Symphony ».

CD PLAGE 58

Dans le style de Phil Collins ♩ = 200

Un rythme assez rapide mais joué principalement en noires avec l'accent sur les temps 2 et 4.

Le son doit être étouffé sur tous les temps 1 et 3, comme indiqué par la présence des soupirs et des demi-soupirs.

Commencez lentement pour atteindre le tempo de 200.

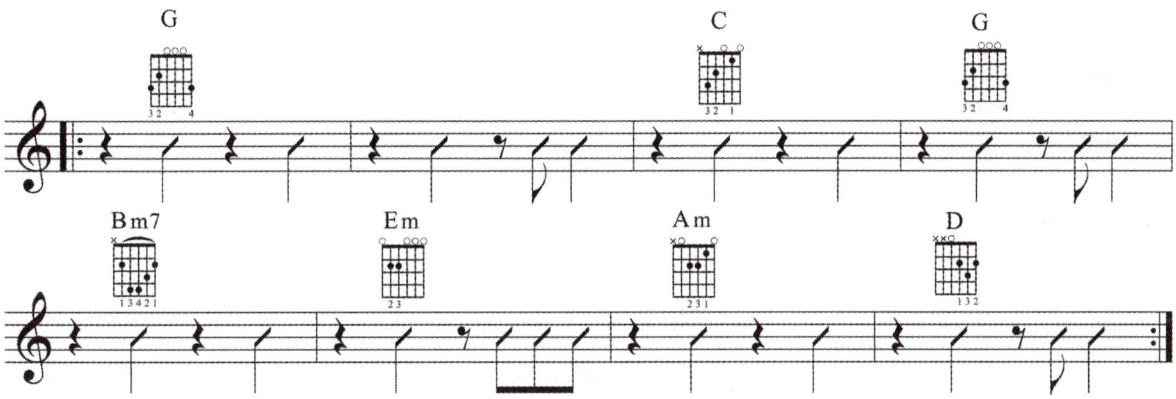

Phil Collins est un chanteur-batteur-auteur-compositeur anglais. Il a été batteur puis chanteur du groupe de progressive rock Genesis des années 70 à 90. Il poursuit également une belle carrière solo depuis 1981.

CD PLAGE 60

Dans le style de Bruno Mars ♩ = 132

Voici un rythme construit sur un battement régulier en croches. Vous pouvez donc faire le geste de battre en aller et retour, en alternant coups de médiator vers le bas et vers le haut comme sur la figure suivante :

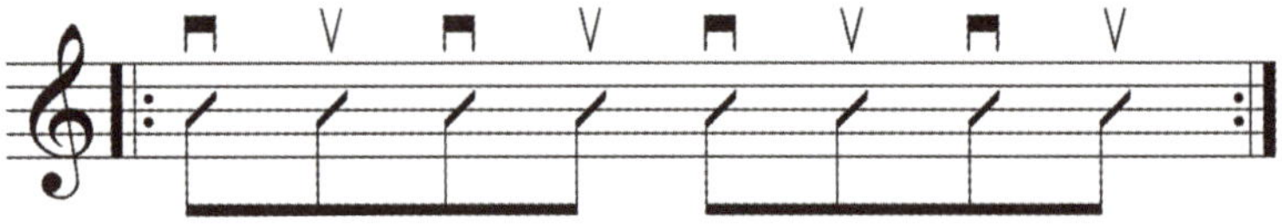

Pour la séquence suivante, gardez le battement régulier de la main droite, mais ne touchez réellement les cordes que lorsqu'un accord est écrit.

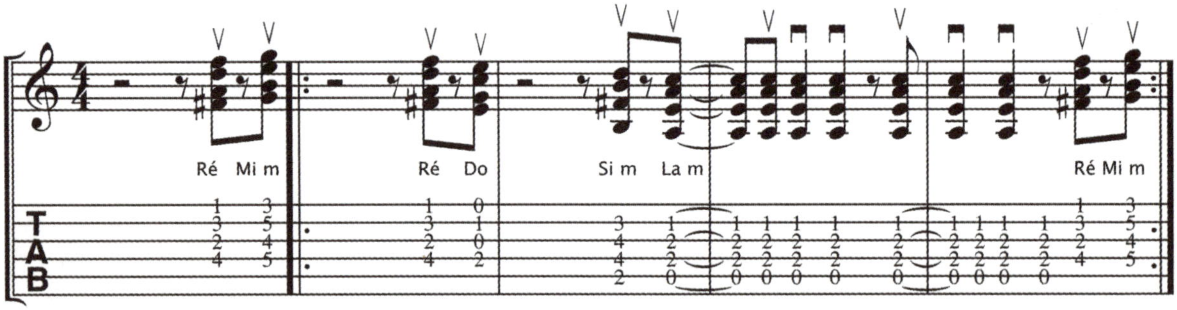

PORTRAIT

Bruno Mars est un auteur compositeur Hawaïen. Sa musique est un métissage de plusieurs styles rock, reggae, motown, etc.

CD PLAGE 61

Dans le style de Radiohead ♩ = 76

Une autre rythmique à 4 accords, avec un enchaînement harmonique moins attendu quand on passe du *do* au *mi*. Soyez bien régulier sur le rythme, tous les battements sont vers le bas à l'exception de la petite percussion en fin de chaque mesure qui se fait en remontant.

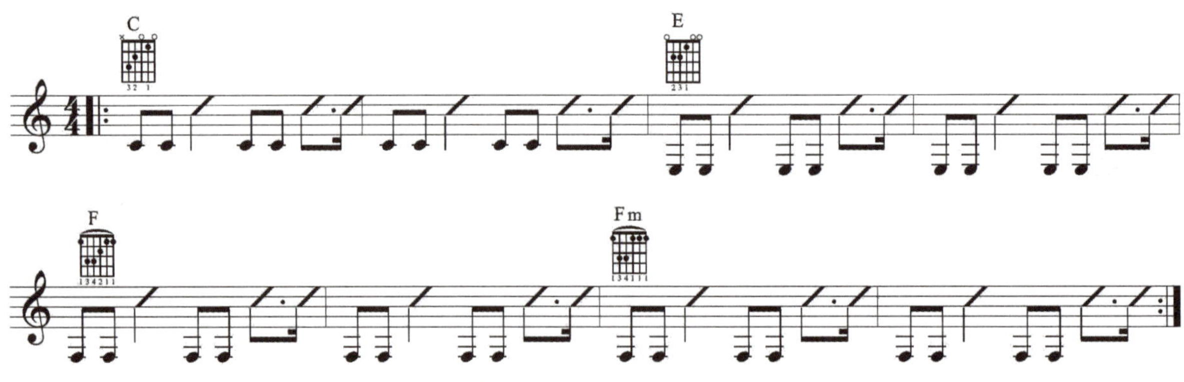

Toujours dans le style de Radiohead ♩ = 80

CD PLAGE 62

On continue avec un exercice d'accompagnement en arpèges brisés et une jolie progression d'accords.
Ici encore, soyez réguliers et écoutez bien le métronome.
Pour les 4 dernières notes en *fa* min, laissez résonner autant que possible chacune des notes en barrant la case 1 avec votre index.

PORTRAIT

Radiohead est un groupe de rock anglais dont le premier single « Creep », sorti en 1992 a connu un succès mondial. Depuis, ils enchainent les albums, toujours en recherche de nouveaux sons, mélangeant rock, classique, électronique, etc.

Dans le style de Stromae ♩ = 200

CD PLAGE 59

Une rythmique particulière à jouer aux doigts, avec la basse qui met l'accent sur les temps 1 et 3.
Les accords sont joués en même temps, ou bien anticipés d'une croche.
Les basses sur les temps 1 et 3 sont jouées au pouce, les autres notes à l'aide des autres doigts.

PORTRAIT

Stromae est un auteur compositeur, chanteur et producteur rwando-belge. Il se fait connaître en 2009 avec « Alors on danse » et obtient la consécration en 2013 avec son album *Racine Carrée*, et les morceaux « Formidable » et « Papaoutai ».

Le pop-jazz

De nombreux artistes se sont essayés au pop-jazz, Norah Jones est sans doute celle qui l'a popularisé ces dernières années.

CD PLAGE 63

Dans le style de Norah Jones ♩ = 80

Un accompagnement aux doigts tout en finesse, avec comme toujours, le pouce qui joue les fondamentales, et les trois autres doigts les notes de l'accord.

PORTRAIT

Norah Jones est une chanteuse, pianiste, auteur compositeur américaine dont le style se situe aux frontières de la soul, du jazz et de la pop music. C'est l'une des filles du joueur de sitar indien Ravi Shankar.

Quelques points à retenir sur le travail de ce chapitre...

Contrairement au jeu en arpèges du chapitre précédent, vous devrez ici mettre en valeur la note de la mélodie, qui est la plupart du temps la voix aigüe. Vous pouvez vous entraîner à chanter la mélodie en jouant, cela vous aidera à la faire ressortir.

Les basses quant à elles, doivent être régulières dans le son et dans le rythme.

Là encore, la propreté du son est essentielle.

Quatrième partie

Les styles de référence !

Dans cette partie…

Vous continuerez à parfaire votre culture musicale en apprenant à jouer de nouveaux styles sur votre guitare. Vous côtoierez également de nouveaux artistes dans le chapitre 10 « Du répertoire ! Des morceaux ! ». De quoi animer quelques soirées mémorables entre amis !

Chapitre 9

Trouver votre style

Dans ce chapitre...

- Pleins feux sur le blues, le rock, le funk, la bossa nova et le jazz manouche
- Des exercices rythmiques pour se faire la main

Le blues, le rock et le funk sont connus et reconnus du public. La bossa nova ainsi que le jazz manouche vous disent sans doute quelque chose mais savez-vous d'où viennent ces styles et de quelle façon ils se jouent ? C'est ce que vous verrez dans ce chapitre !

Le blues

Le **blues** est une forme musicale apparue aux États-Unis au 19e siècle, qui permettait à l'origine, à des gens de conditions pauvres, d'exprimer leurs déboires et de mettre en chansons leurs vies difficiles.

Le blues s'écrit le plus souvent en 12 mesures, et se caractérise harmoniquement par l'emploi d'accords 7e de dominante, sur les degrés I, IV et V d'une tonalité, et mélodiquement par l'utilisation de la gamme mineure pentatonique à laquelle on ajoute la blue note.

Cette gamme appelée gamme blues est utilisée pour le chant comme pour l'improvisation instrumentale.

Le son du blues est présent dans toutes les musiques actuelles puisqu'il est à l'origine du jazz, du rythm'n blues et du rock'n roll. Avec le jazz, la forme blues s'est développée et on trouve aujourd'hui des grilles de blues très sophistiquées avec de nombreux accords de passage et des altérations, qui permettent aux improvisateurs d'explorer toutes sortes de couleurs harmoniques dans leurs solos.

CD PLAGE 68

Le blues traditionnel ♩ = 84

Voici un exemple de blues en *mi*, un blues traditionnel en 3 accords : Mi7, La7 et Si7.

Soyez précis sur la régularité rythmique. Commencez par enchaîner les 3 accords sans tenir compte du rythme afin de trouver les bons mouvements de doigts.

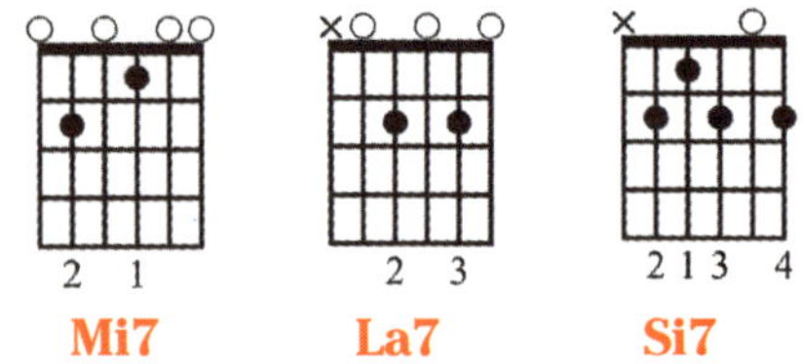

CD PLAGE 69

Dans le style de John Mayall ♩ = 132

Une autre pulsation rythmique pour ce blues en Do7, sur un tempo plus rapide. Jouez la partition avec les coups de médiator vers le bas, afin d'obtenir des accents plus rock.

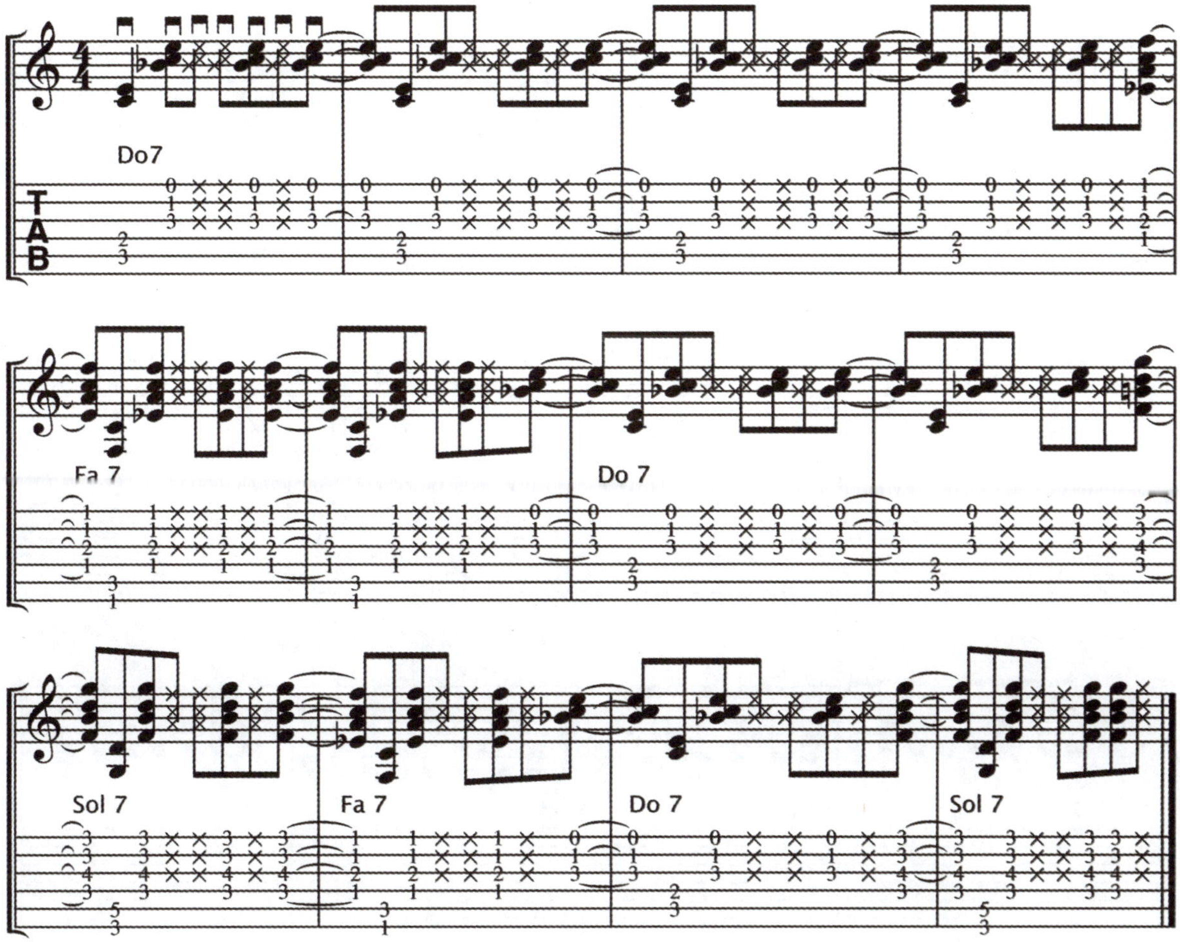

PORTRAIT

John Mayall est un bluesman anglais, guitariste, pianiste, harmoniciste et chanteur. Il tourne depuis 1963 avec son groupe les Bluesbreakers. Le guitariste Éric Clapton a fait partie de ce groupe en 1965.

CD PLAGE 71

Dans le style de Robert Johnson ♩ = 92

Voici le plan le plus employé en blues et en rock. Vous pouvez aussi - comme la plupart des plans blues - le transposer dans toutes les tonalités. Attention les croches sont ternaires, écoutez bien le CD pour capter le bon rythme.

La gamme mineure pentatonique

Voici la gamme pentatonique (à 5 notes) mineure (avec une tierce mineure). C'est la gamme de base de toute la musique de blues, utilisée par tous les musiciens, dans tous les styles.

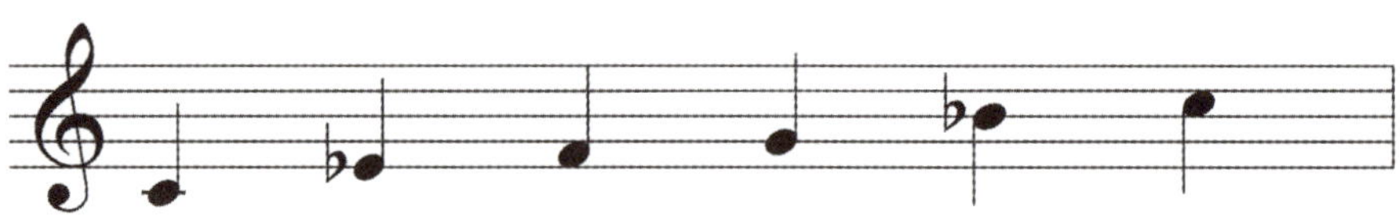

La gamme blues

Et voici maintenant la gamme blues, qui est la gamme pentatonique à laquelle on a ajouté la quarte augmentée ou « blue note ».

CD PLAGE 70

Entraînez-vous à jouer cette gamme blues au métronome. Mémorisez les positions des notes. C'est sans aucun doute la gamme la plus utilisée par la plupart des guitaristes de rock et de blues.

Essayez d'improviser vous aussi en utilisant cette position de gamme sur le playback en Do7 qui continue.

Le rock

Le **rock** est apparu aux États-Unis dans les années 1950. Il se caractérise par des rythmes plus soutenus et plus durs que le blues. Il découle directement du Rockabilly.

Les groupes de rock sont souvent constitués d'une basse, d'une batterie, et de deux guitares. Cette formation a évolué par la suite en incluant des cuivres, des claviers, des chœurs, etc.

Le rock est essentiellement joué à la guitare électrique, mais on rencontre sur les albums de rock certains morceaux joués à la guitare acoustique, on peut donc en étudier les riffs de base.

CD PLAGE 72

Dans le style des Rolling Stones ♩ = 120

Keith Richards, guitariste des Rolling Stones, est très connu pour avoir écrit quelques-uns des plus beaux riffs de l'histoire du rock. Voici un exercice en forme de riff qui sonne aussi bien à la guitare acoustique qu'à l'électrique.

Jouez toute la partition, médiator vers le bas, pour une meilleure dynamique.

CD PLAGE 73

Dans le style de Nirvana ♩ = 112

Les groupes de rock utilisent souvent la guitare acoustique pour produire une rythmique plus douce, à la limite du folk-rock, comme cet exercice qui suit en 3 accords.

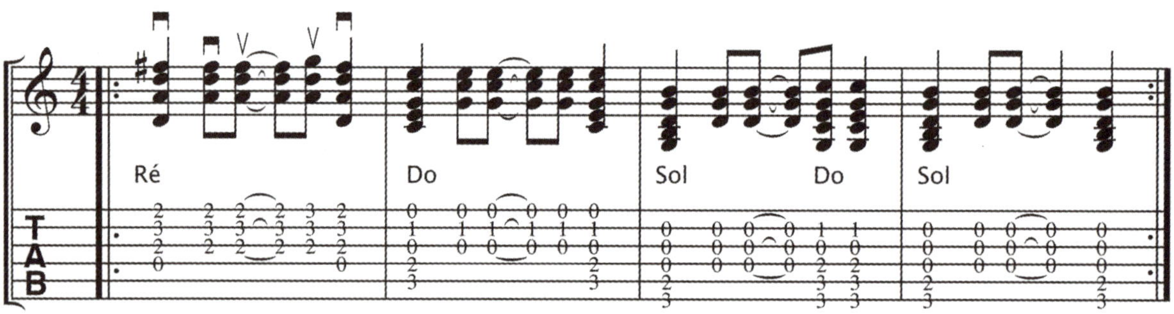

CD PLAGE 74

Toujours dans le style de Nirvana ♩ = 112

La même progression, avec une position pour l'accord de *ré*, identique à celle de *do*, qui permet d'avoir la corde de *sol* qui résonne à vide dans les 2 accords. Prenez garde à empêcher la corde de *mi* aigu de résonner dans les 2 dernières mesures.

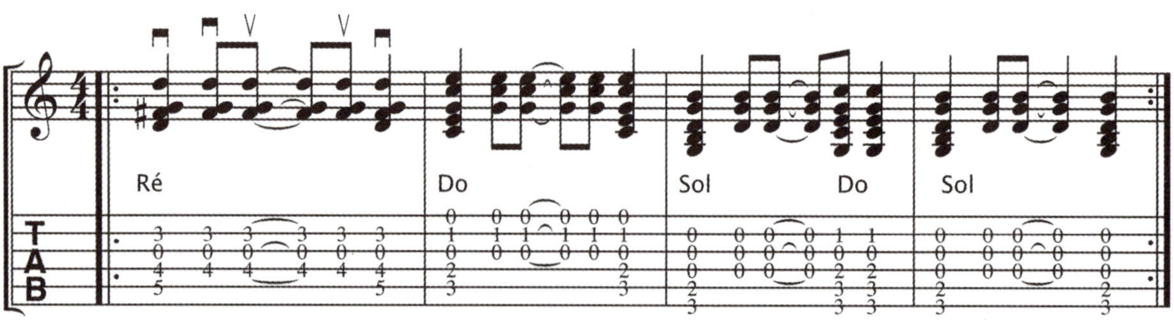

CD PLAGE 75

Dans le style de Toto ♩ = 126

Le *power-chord* (accord de puissance) est un des éléments clés du jeu rock à la guitare. Il est constitué d'une fondamentale et de sa quinte, qui vient confirmer harmoniquement le rôle de la fondamentale, donnant une sensation de puissance et de solidité harmonique. De nombreuses riffs et rythmiques sont construits à l'aide de ces *power-chords*.

Voici une rythmique en *power-chords* de *ré*, *la* et *sol*. Attention à la percussion sur le temps 2 de la 2e mesure, obtenue en étouffant les cordes à la main gauche.

CD PLAGE 76

Dans le style de ZZ Top ♩ = 152

Une rythmique avec la plupart des accords joués sur les « croches en l'air », c'est-à-dire sur les deuxièmes moitiés des temps. Vous pouvez compter 1 et 2 et 3 et 4 pour vous aider.

Attention ! Les croches sont ternaires.

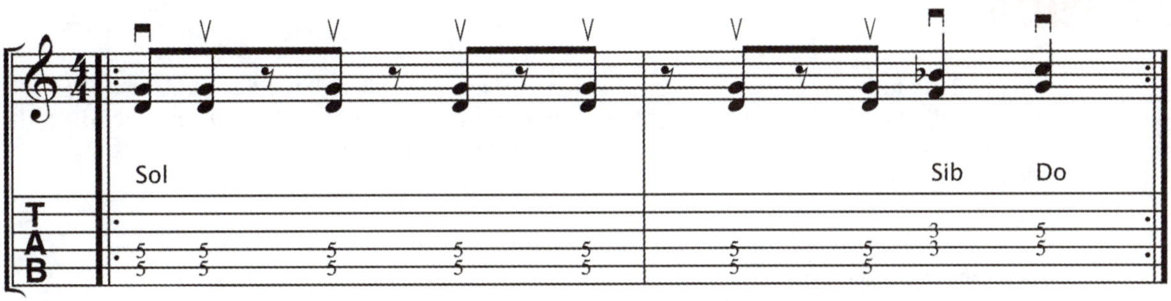

PORTRAIT

ZZ Top est un groupe de rock texan, célèbre dans les années 70 et 80 connu pour ses riffs efficaces et ses guitares saturées.

CD PLAGE 77

Dans le style de Jimi Hendrix ♩ = 88

La petite flèche que vous voyez après la note est un ***bending*** ou ***bend***.

Cela signifie que vous devez tirer la corde vers le bas avec votre doigt de la main gauche afin de faire monter le son.

Écoutez le CD pour reproduire l'effet.

PORTRAIT

Jimi Hendrix a été l'un des guitaristes majeurs de l'histoire du rock. Il a inspiré de nombreux musiciens. Il jouait en trio, et a composé de nombreux morceaux qui sont devenus des standards comme « Hey Joe », « Purple Haze », etc. Il a été l'une des figures emblématiques du Festival de Woodstock en 1969 où il a délivré une version très personnelle de l'hymne américain.

Le funk

La musique funk est née aux États-Unis dans les années 1950-1960. Elle est issue du jazz, de la soul, et se caractérise par un rythme syncopé principalement joué par une section rythmique composée d'une guitare, d'une basse et d'une batterie, à laquelle viennent s'ajouter des cuivres, des claviers et des chanteurs.

Les ghost notes ♩ = 92

CD PLAGE 64

La musique funk repose très souvent sur une décomposition en double-croches.

Comme vous le savez, il faut 2 double-croches pour faire une croche, et 4 pour faire une noire. Le temps sera donc très souvent divisé en 4 double-croches.

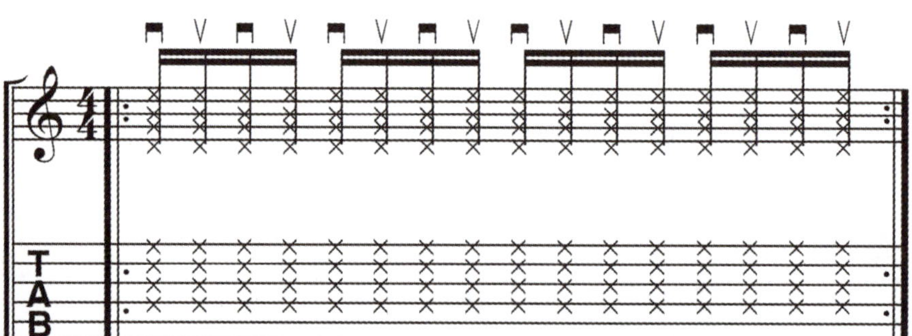

Étouffez les cordes à l'aide de la main gauche et jouez des battements réguliers à la main droite en comptant 1 2 3 4 1 2 3 4... etc. Ces sons étouffés sont appelés *ghost notes* (notes fantômes). On peut les produire sur une note seule ou sur un accord. Mettez l'accent sur la première double-croche de chaque groupe de quatre doubles-croches.

CD PLAGE 65

Dans le style de Michael Jackson ♩ = 120

On trouve ici un mélange de croches et de double-croches, avec un effet de *hammer* sur le 2e temps de la 1re mesure. Commencez très lentement pour arriver jusqu'à la vitesse de ♩ = 120.

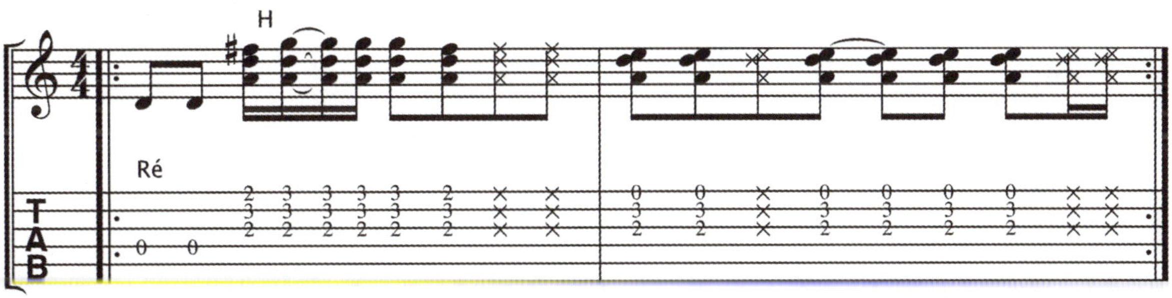

PORTRAIT

Michael Jackson a été une star planétaire. Il a régné sur le monde de la pop des années 80 jusqu'à son décès en 2009. Il est l'artiste le plus couronné de toute l'histoire de la musique. Auteur compositeur, chanteur et danseur remarquable, sa manière de chanter et de danser ont inspiré des dizaines d'artistes. Parmi ses grands succès, citons « Beat It », « Thriller », « Billy Jean », etc.

CD PLAGE 66

Dans le style des Doobie Brothers ♩ = 120

Dans la musique funk comme dans le rock, les guitaristes ont souvent produit des riffs, qui sont devenus parfois la signature du morceau. Voici un exercice qui demande de la précision dans la position de la main gauche et une régularité rythmique à la main droite.

Commencez lentement en jouant bien avec le métronome, puis montez progressivement la vitesse

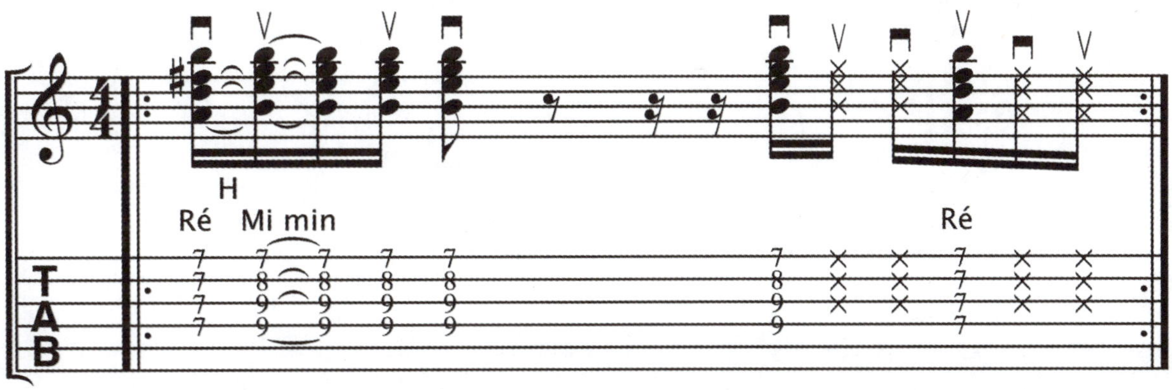

CD PLAGE 67

Dans le style de James Brown ♩ = 104

Un exercice en forme de riff caractéristique de la musique funk. N'hésitez pas à garder le battement à la double-croche avec la main droite, qui vous aidera à bien vous positionner dans le temps.

Vous pouvez aussi jouer une *ghost note* sur les demi-soupirs des temps 1 et 2.

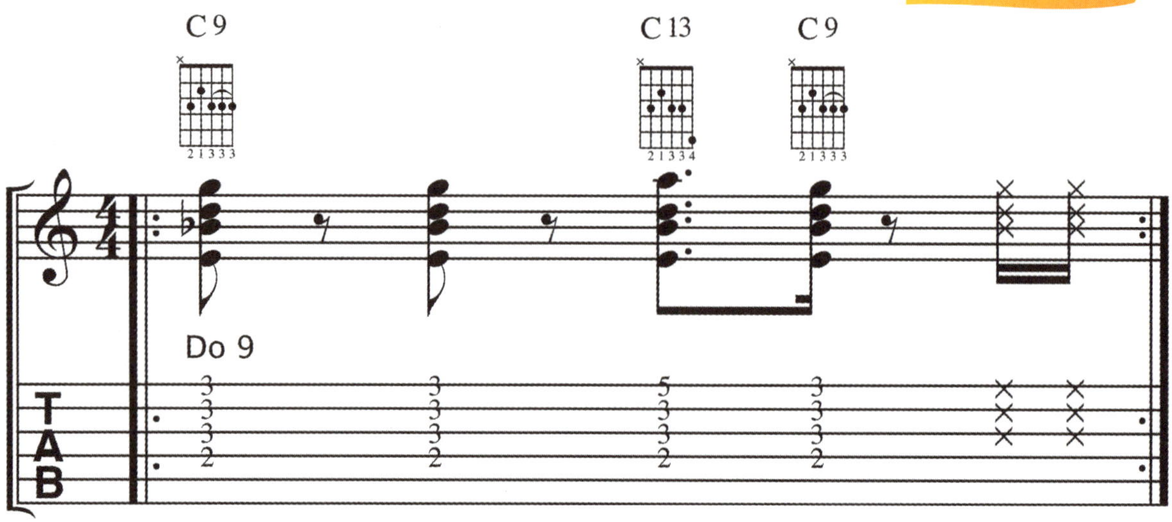

PORTRAIT

Surnommé le parrain de la soul (The Godfather of Soul), **James Brown** a été l'une des figures emblématiques de cette musique. Sur scène, il était un incroyable performer et il a influencé des dizaines d'artistes. On retiendra en priorité ses versions de « I Feel Good » et de « Sex Machine ».

La bossa nova

La **bossa nova** est un style de musique né au Brésil dans les années 1950, elle peut être chantée ou instrumentale. Les harmonies sont très sophistiquées et très chantantes, et sont à la croisée du jazz et de la samba. Les compositeurs et interprètes les plus célèbres sont Antonio Carlos Jobim, Joao Gilberto, Vinicius de Moraes, luis Bonfa et Baden Powell.

La figure rythmique de base de la bossa nova est la suivante :

Pour bien comprendre la figure rythmique sur les temps 2 et 3, pensez le temps divisé en 4 double-croches, et jouez sur la 1, la 2 et la 4.

Quelques exercices rythmiques

Entraînez-vous à jouer la figure rythmique de la bossa nova sur divers accords !

CD PLAGE 78

Exercice n°1 ♩ = 70

Sur un accord de *sol* min7, écoutez bien le CD et reproduisez le rythme jusqu'à le faire de manière instinctive, sans compter. À la main droite, comme dans toutes les pages consacrées à la bossa nova, le pouce joue les basses sur les cordes de *mi* grave et de *la*, tandis que les 3 autres doigts jouent l'harmonie sur les cordes 1, 2, 3 et 4.

Solm7

CD PLAGE 79

Exercice n°2 ♩ = 70

Le même exercice en changeant d'accord à la moitié de la mesure. Ce type d'enchaînement *sol* min7 C9 est très fréquent dans cette musique.

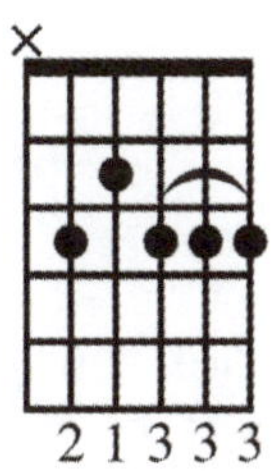

Do 9

CD PLAGE 80

Exercice n°3 ♩ = 70

La même chose avec les basses alternées. On utilise la fondamentale et la quinte de chaque accord.

CD PLAGE 81

Exercice n°4 ♩ = 70

On anticipe maintenant le deuxième accord d'une double-croche. Vous jouez donc l'accord de *do* juste avant la basse de *do*.

CD PLAGE 82

Exercice n°5 ♩ = 70

On ajoute dans cet exercice l'anticipation à la croche en fin de mesure. Vous jouez donc le *sol* min, accord et basse, sur la dernière croche de la mesure.

Tout le balancement de cette musique consiste précisément à anticiper certains accords, tantôt à la double croche, tantôt à la croche.

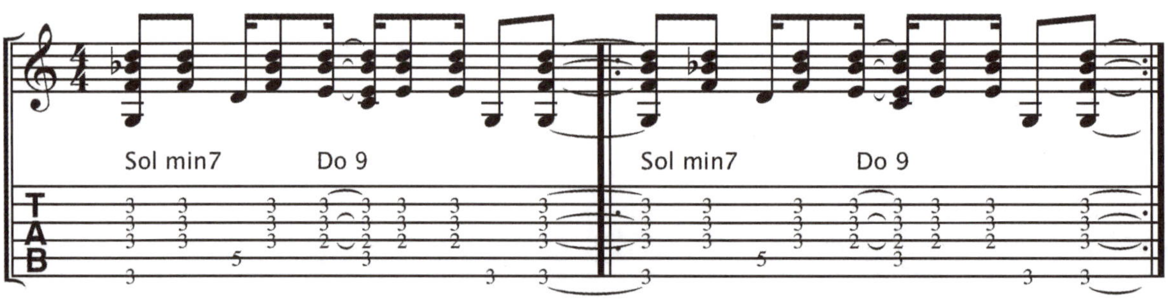

CD PLAGE 83

Dans le style de Joao Gilberto ♩ = 70

Les accords deviennent de plus en plus riches. Regardez bien les tablatures pour prendre les bonnes positions. Commencez lentement pour atteindre ♩ = 70.

PORTRAIT

Joao Gilberto est un musicien brésilien né en 1931. Il est l'un des inventeurs de la bossa nova. Chanteur et guitariste, il revisite les plus grandes chansons brésiliennes et collabore ensuite avec des jazzmen américains, tel que le saxophoniste Stan Getz avec qui il enregistre plusieurs albums qui sont restés des chefs-d'œuvre du genre

CD PLAGE 84

Dans le style d'Antonio Carlos Jobim ♩ = 70

Voici un exercice en forme de progression harmonique typique d'Antonio Carlos Jobim.

CD PLAGE 85

Toujours dans le style d'Antonio Carlos Jobim ♩ = 100

Une autre progression harmonique avec une note doublée (le *si*) qui résonne à vide pendant les 4 premières mesures. C'est un procédé souvent employé en guitare brésilienne, qui permet de donner plus d'ampleur à l'accompagnement.

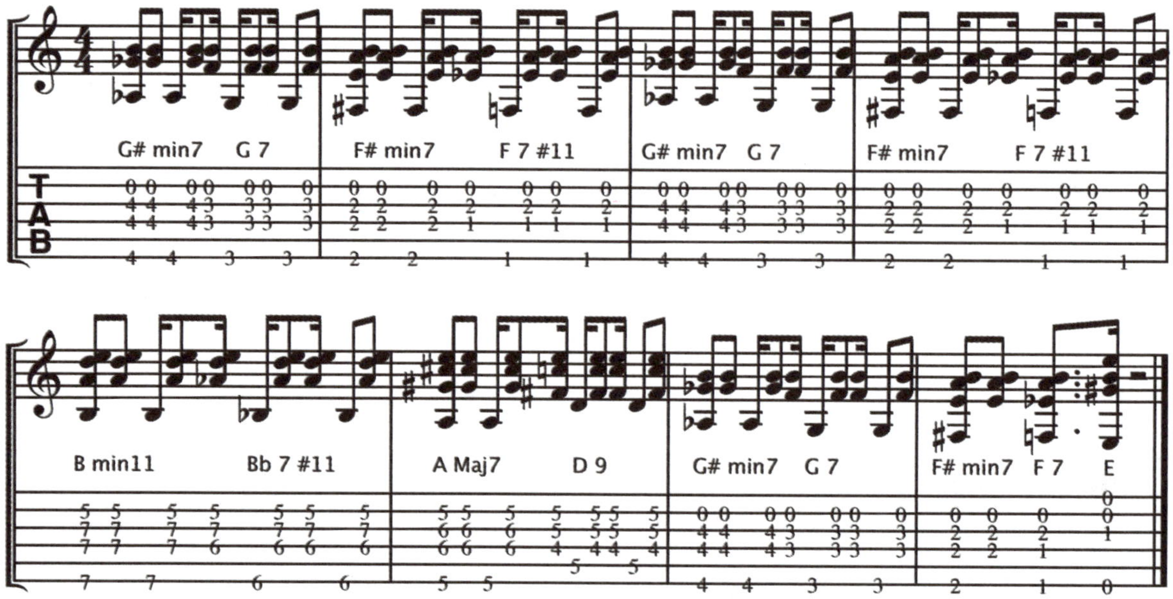

PORTRAIT

Antonio Carlos Jobim est un musicien brésilien né en 1927 et mort en 1994, cofondateur de la bossa nova. Chanteur, guitariste, pianiste, il est très célèbre pour avoir composé les principaux standards de la bossa nova comme « La fille d'Ipanema », « Desafinado », « One note Samba », et bien d'autres.

Le jazz manouche

Le **jazz** est apparu aux États-Unis, à la Nouvelle Orléans, au début du XXe siècle, il est né du métissage entre le blues, le ragtime et le gospel. D'une forme assez rudimentaire au début où tous les membres de l'orchestre jouaient la mélodie avec quelques variations, le jazz a considérablement évolué depuis, pour arriver aujourd'hui à une musique qui possède un code harmonique et un langage d'improvisation très sophistiqués. Parmi les grands noms du jazz, on peut citer Louis Armstrong, Duke Ellington, Charlie Parker, John Coltrane. Parmi les guitaristes de jazz, les incontournables sont indiscutablement Charlie Christian, Django Reinhardt, Wes Montgomery, etc. De nos jours, les grands guitaristes de jazz sont Pat Metheny, John Scofield, Mike Stern ou encore Kurt Rosenwinkel.

Quelques exercices rythmiques

Les exercices proposés vont vous aider à comprendre ce rythme si particulier.
Ne vous découragez pas !

CD PLAGE 86

Exercice n°1 ♩ = 126

Parmi les différents styles de jazz qui se sont développés, il y a le **jazz manouche**, créé par les gitans, et dont la rythmique guitare s'appelle la pompe, qui consiste à jouer la basse (ou une partie de l'accord) sur les temps 1 et 3, et l'accord entier avec un accent sur les temps 2 et 4.

L'accent sur les temps 2 et 4 est l'élément rythmique le plus important en musique de jazz.

N'hésitez pas à accentuer au maximum ces deux temps, appelés « temps forts » et de ne presque pas jouer les temps 1 et 3, appelés « temps faibles ».

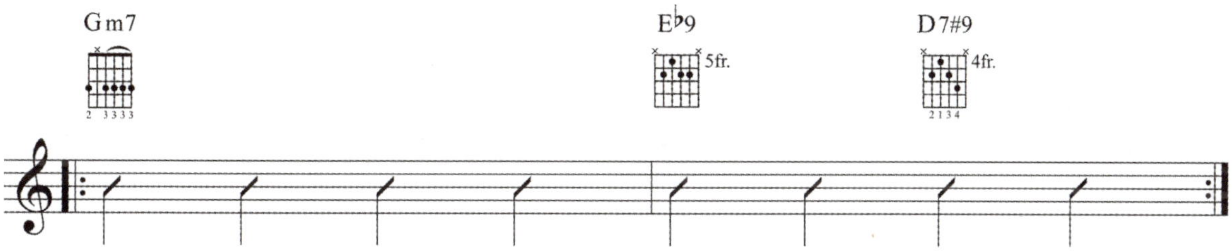

CD PLAGE 87

Exercice n°2 ♩ = 126

La même chose en ajoutant un élément rythmique sur le 3e temps de la mesure 2.

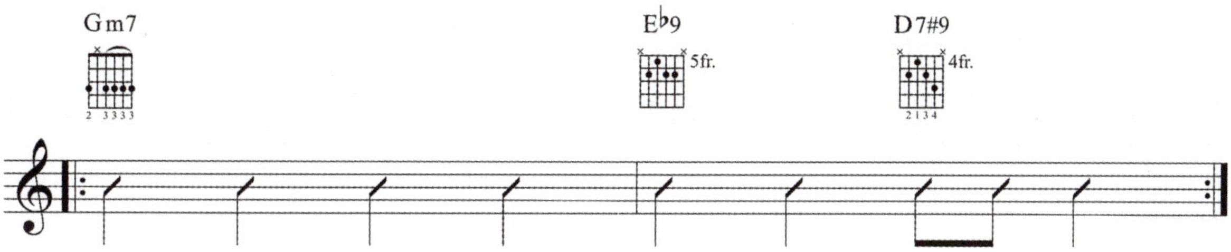

CD PLAGE 88

Exercice n°3 ♩ = 126

Vous pouvez jouer cette deuxième croche en étouffant les cordes avec votre main gauche.

Une autre variante rythmique avec le 3e temps de la mesure 1 et les 2 derniers temps de la mesure 2 joués en croches.

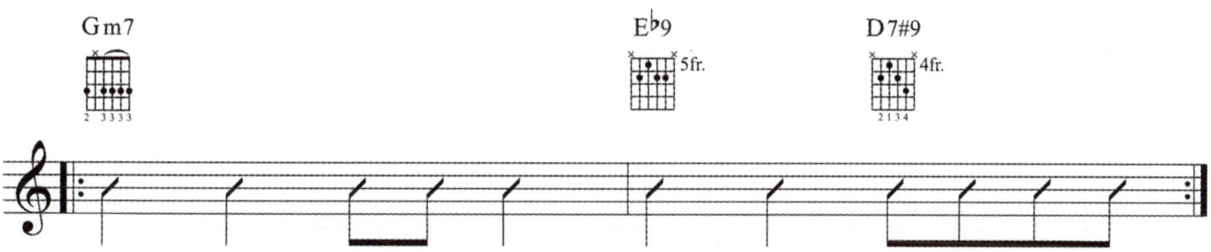

CD PLAGE 89

Dans le style de Django Reinhardt ♩ = 184

Voici un exercice dans le style de Django Reinhardt. Vous devez travailler à la fois la mélodie, transcrite ici en solfège et tablature, et l'accompagnement à l'aide des diagrammes au-dessus de la portée.

Vous pouvez travaillez la mélodie à l'aide du playback sur le CD.

À vous de créer votre accompagnement à l'aide des différents éléments étudiés à la page précédente.

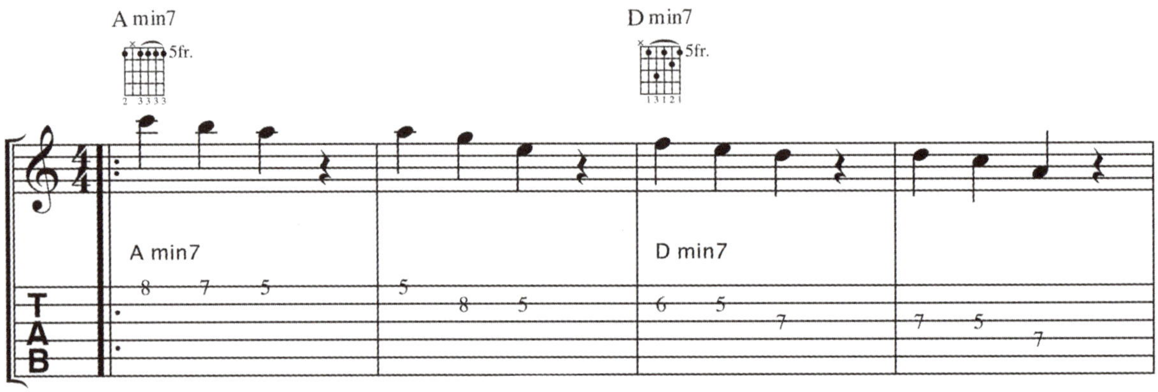

Django Reinhardt, guitariste de jazz français (1910-1953), est le créateur du jazz manouche. Il s'est rendu célèbre en jouant avec le Quintet du Hot Club de France en compagnie du violoniste Stéphane Grapelli.

Après l'incendie de sa roulotte, il développe une technique avec deux doigts à la main gauche qui n'a altéré ni sa vélocité ni sa créativité. Avec des compositions comme « Minor Swing », « Manoir de mes Rêves » ou « Tears », il est probablement le guitariste de jazz le plus célèbre au monde.

Quelques points à retenir sur le travail de ce chapitre

Dans tous ces différents styles passés en revue, il y a ce qui est écrit : les notes, les positions, les durées, et puis il y a tout ce qui n'est pas écrit mais que vous pouvez entendre sur le CD : les intentions, les nuances, la manière d'attaquer tel ou tel accord plus ou moins fort, etc. Tous ces éléments sont indispensables pour faire « sonner » la musique, alors soyez attentifs aux exemples figurant sur le CD et essayez de les reproduire à la perfection.

Plus vous serez exigeants et plus vous progresserez !

Chapitre 10

Du répertoire ! Des morceaux !

Dans ce chapitre…

- Jouez comme des grands noms de la musique
- Explorez de nouvelles techniques et de nouveaux styles de jeu.

Vous trouverez dans ce répertoire des exercices et des morceaux dans différents styles, qui feront appel à tout ce que vous avez étudié dans les chapitres précédents. Tous les accords de ces morceaux sont écrits avec la notation internationale, que vous rencontrerez dans la plupart des *songbooks* et des transcriptions.

CD PLAGE 90

Dans le style de Police ♩ = 112

Jouez cet exercice au médiator et en étouffant légèrement les cordes près du chevalet à l'aide de la paume de votre main droite. Cette technique s'appelle le ***palm muting***.

Essayez d'attaquer toutes les cordes avec la même force.

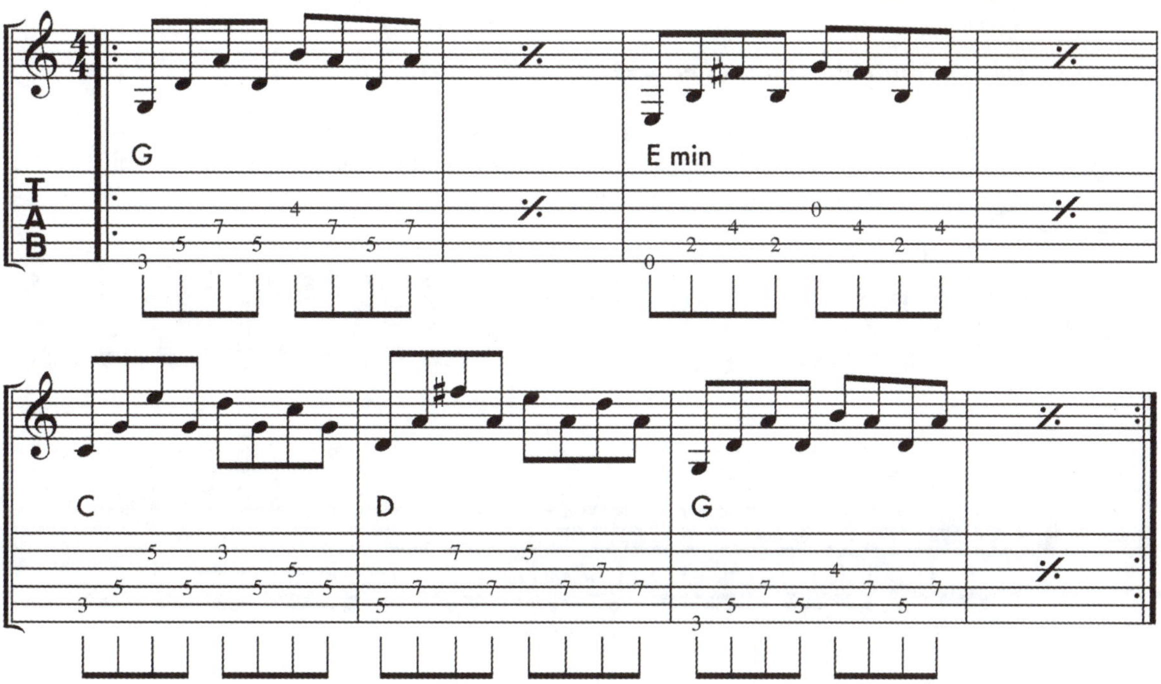

Dans le style d'Éric Clapton ♩ = 120

CD PLAGE 91

Un exercice à jouer au médiator, tous les coups vers le bas pour obtenir une meilleure dynamique dans le son.

PORTRAIT

Éric Clapton est un guitariste britannique, référence en matière de blues-rock, et qui a formé différents groupes au cours de sa carrière comme The Yardbirds, Cream, etc. Il donne toujours des concerts dans le monde entier.

Dans le style de Manu Chao ♩ = 80

CD PLAGE 92

Un exercice tout en double-croches en 3 accords, et avec à chaque temps la même figure : 2 double-croches en percussions (cordes étouffées à la main gauche) et 2 double-croches jouées en accord. Attention à la régularité !

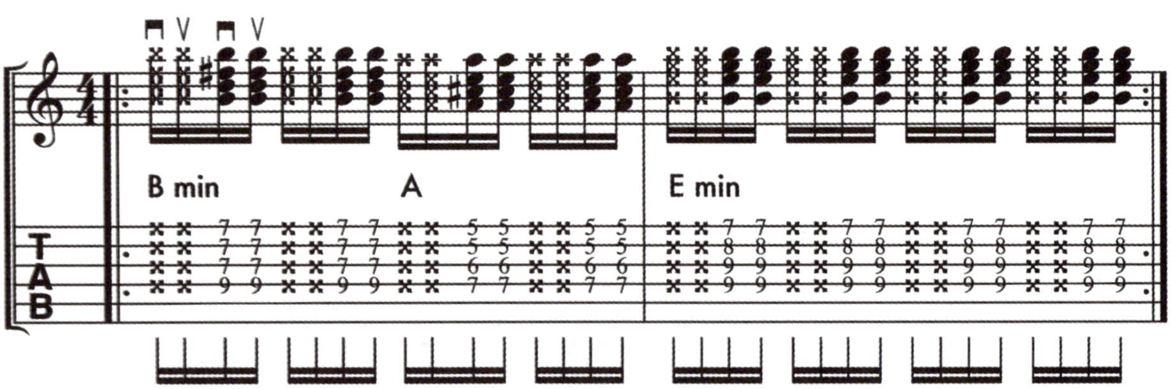

À SAVOIR

À propos des styles…

Lorsque l'on commence à travailler un instrument de musique, c'est que l'on a écouté auparavant certains artistes qui nous ont donné l'envie de nous y mettre à notre tour. D'une manière générale, on cherchera à se diriger vers ce style de musique, dès que le niveau nous le permettra.

C'est bien sûr une excellente chose d'être influencé par des guitaristes célèbres, ça permet de gagner du temps, d'avoir une direction dans laquelle travailler, de chercher à reproduire un son particulier… Mais il faut aussi prendre soin d'écouter toutes sortes de musiques, d'autres styles, d'autres sons de guitares, ça permet de s'enrichir avec d'autres influences qui, même si elles sont moins présentes, ne manqueront pas de venir un jour agrémenter notre jeu et enrichir notre vocabulaire.

En résumé, si vous êtes guitariste acoustique, écoutez des guitaristes électriques et voyez comment ils appréhendent le son, analysez leur « toucher » de guitare, leur « phrasé ».

Si vous êtes attiré naturellement par le rock ou le blues, alors écoutez du jazz afin de donner à vos oreilles la possibilité d'entendre autre chose, d'autres harmonies plus riches et plus développées, qui vous donneront probablement quelques idées pour faire sonner différemment votre musique.

Et enfin si vous êtes plutôt jazz, et bien écoutez des guitaristes de rock, cela permet très souvent de faire un travail intéressant sur le son !

CD PLAGE 93

Greensleeves ♩ = 60

Un peu de « jeu aux doigts » avec ce très joli morceau qui fait partie du patrimoine musical international depuis longtemps, puisqu'il aurait été composé au 15e siècle en Angleterre. Il a été joué de nombreuses fois par différents instruments et avec toutes sortes d'orchestrations. La figure rythmique est la même tout au long du morceau, prenez juste garde au bon placement de vos doigts.

Entraînez-vous à reconnaître les accords qui se cachent dans chaque mesure.

CD PLAGE 94

Dans le style de Led Zeppelin ♩ = 80

Pensez à la propreté des doigtés et à la beauté du son. Laissez résonner toutes les notes à la mesure 3.

PORTRAIT

Led Zeppelin est l'un des plus grands groupe de rock anglais, fondé par le guitariste Jimmy Page et le chanteur Robert Plant, en compagnie du bassiste John Paul Jones et du batteur John Bonham. Leurs titres les plus célèbres restent à ce jour « Kashmir » et « Stairway to heaven ».

CD PLAGE 95

Dans le style de Sting ♩ = 160

Un morceau qui fait appel à la technique de *picking* étudiée au chapitre 7. Pas de grande difficulté, à part de nouvelles positions d'accords avec D# dim et B7sus4.

CD PLAGE 96

Dans le style de Charlie Winston ♩ = 120

Une rythmique que l'on peut jouer aussi bien aux doigts qu'avec un médiator. La pulsation rythmique est identique pendant 6 mesures. Prenez garde à la descente de basses qui part en contretemps en mesure 7, et à la position du dernier accord qu'il faut venir chercher en glissant vos doigts sur le manche.

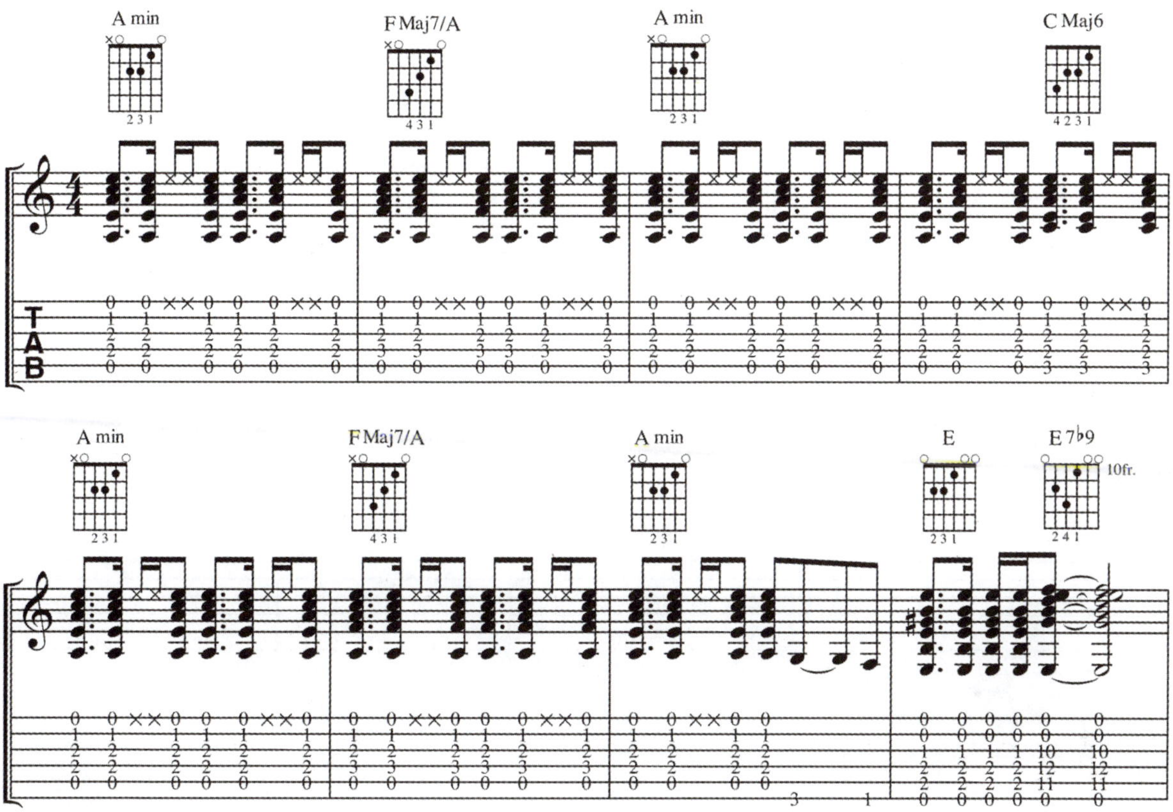

PORTRAIT

Auteur-compositeur, chanteur, guitariste, pianiste, **Charlie Winston** est né en Cornouailles en 1978. Il sort un premier album enregistré aux Real World studios de Peter Gabriel en 2007, puis un second album en 2009 chez Atmosphériques, qui lui apporte la consécration avec des titres comme « Like a Hobo » ou « In Your Hands ».

CD PLAGE 97

Amazing Grace ♩ = 88

Voici un air anglais très ancien qui a été repris en gospel, en musique celtique, en folk, etc. Vous l'avez ici en version mélodie et accords. Vous pouvez donc travailler cet air à l'aide du playback présent sur le CD, puis travailler aussi l'accompagnement.

Cinquième partie

La boîte à outils du guitariste débutant

Dans cette partie…

Vous trouverez dans cette partie nos tous derniers conseils, astuces et mémo pour enrichir votre façon de jouer. Avec l'ensemble des différents accords et règles de solfège expliqués, vous serez apte, par la suite, à vous envoler vers des morceaux bien plus riches et difficiles.

Chapitre 11

Gymnastique des doigts

Dans ce chapitre…

- Des exercices toujours plus fous, toujours plus fun !
- Et un peu de fatigue physique

Afin d'améliorer votre jeu, il vous faudra avoir la main souple et vive, ainsi qu'un jeu de doigt plus fluide et rapide. Ce chapitre est réservé à l'apprentissage des mouvements techniques et à la progression de votre dextérité, pour qu'aucun style ne puisse vous échapper!

Il va y avoir du sport…

Voici 4 exercices que vous pouvez travailler quand vous le souhaitez.

Il s'agit vraiment de gymnastique des doigts ici, et non pas de musique. Tous ces exercices sont jouables aux doigts et au médiator. Quand vous jouez aux doigts, respectez les doigtés écrits au-dessus ou au-dessous de la portée, et quand vous travaillez au médiator, jouez une fois en aller et retour, une autre fois en coups vers le bas.

Commencez lentement, la condition étant d'avoir le son le plus propre possible.

La vitesse de chaque exercice est purement indicative.

CD PLAGE 98/1

Gymnastique n°1 ♩ = *120*

Un exercice sur les 4 premières cases, avec un doigt par case pour la main gauche, chaque note étant répétée deux fois.

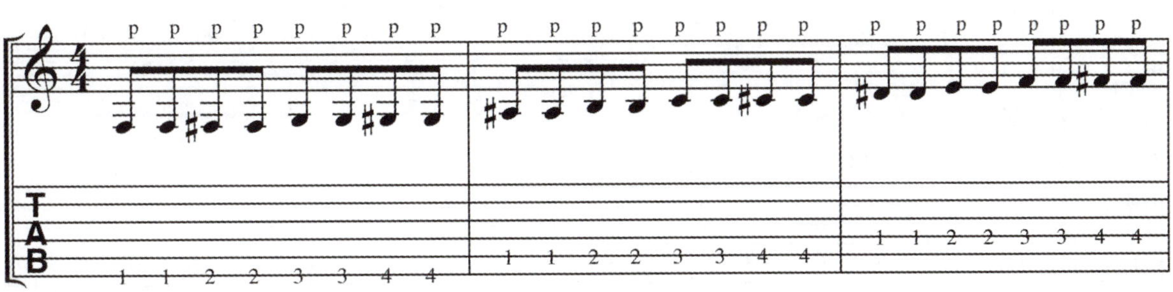

Gymnastique n°2 ♩ = 120

CD PLAGE 98/2

Ici chaque note n'est jouée qu'une seule fois mais on passe de la corde 6 à la corde 4, puis de la 5 à la 3, etc.

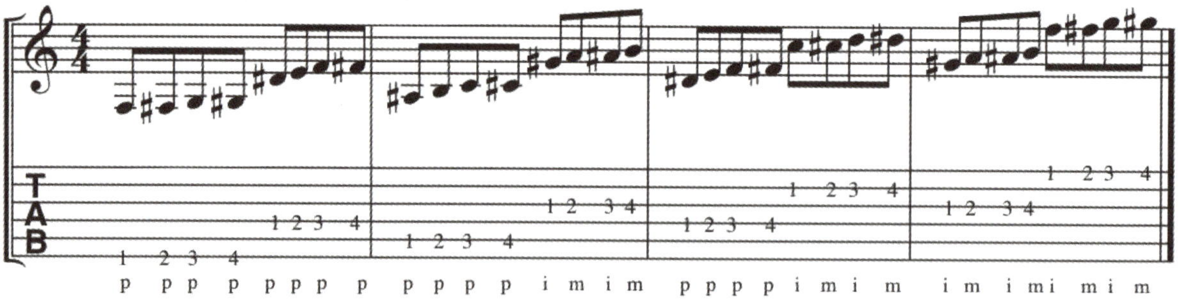

Gymnastique n°3 ♩ = 120

CD PLAGE 99/1

Soyez précis dans le placement de vos doigts à la main gauche, et dans l'attaque des cordes à la main droite. N'hésitez pas à commencer très lentement et à produire de belles notes, de la même force et de la même longueur.

Gymnastique n°4 ♩ = 120

CD PLAGE 99/2

Encore un mouvement technique, avec un schéma identique à chaque mesure.

Prenez bien garde à avoir les doigts de votre main gauche bien perpendiculaires au manche de la guitare.

CD PLAGE 99/3

Gymnastique n°5 ♩ = 120

Dans cet exercice en triolets, chaque temps est divisé en 3, et chaque note répétée 3 fois. Travaillez l'alternance des doigts, et le rythme en triolets avec cet exercice.

Découvrez les joies de la transcription

Dès que vous avez acquis un minimum d'aisance et de technique comme cela doit être le cas à présent, n'hésitez pas à relever et à transcrire les morceaux que vous aimez, les albums que vous écoutez. Entraînez-vous à reconnaître les accords, repérez en premier les basses, qui vous donneront très souvent la fondamentale de l'accord, ensuite identifiez la nature de l'accord (majeur, mineur ou 7e), puis écrivez ce que vous entendez.

Plus vous vous essayerez à la transcription et plus votre oreille musicale s'affinera. Il vous faudra de moins en moins de temps pour relever et reproduire ce que vous écouterez, et le répertoire sera sans fin !

Chapitre 12

Le mémo solfège

Dans ce chapitre…

- Mieux comprendre les indications présentes sur une partition
- La valeur des notes et des silences

Ce chapitre complète les notions abordées tout au long de votre manuel, en tentant de vous donner des éclairages plus techniques, notamment sur les notions de base du solfège.

Les silences et les valeurs de notes

À chaque valeur de note correspond un silence. Quand vous rencontrez l'un de ces silences dans une partition vous devez étouffer toute résonance de corde, et ne rien jouer jusqu'à la note suivante.

Tableau de correspondances entre notes et silences

4 temps	ronde	𝅝	𝄻	pause
2 temps	blanche	𝅗𝅥	𝄼	demi-pause
1 temps	noire	♩	𝄽	soupir
1/2 temps	croche	♪	𝄾	demi-soupir

Le point

Le point placé après une note allonge la durée de celle-ci de la moitié de sa valeur. On appelle cela une note pointée.

une ronde 𝅝 = 4 temps ⟶ une ronde pointée 𝅝. = 4 + 2 = 6 temps

une blanche 𝅗𝅥 = 2 temps ⟶ une blanche pointée 𝅗𝅥. = 3 temps

une noire ♩ = 1 temps ⟶ une noire pointée ♩. = 1 temps et demi

La liaison

La liaison est un signe qui permet d'augmenter la longueur d'une note (ou d'un accord), de la valeur correspondant à la note (ou à l'accord) située après la liaison.

Elle peut intervenir à l'intérieur d'une mesure, mais aussi pour lier une note de la fin d'une mesure à une note en début de mesure suivante.

Par exemple une blanche liée à une noire vaut 3 temps : 𝅗𝅥‿♩ = 3 temps.

Une croche liée à une autre croche équivaut à une noire et vaut 1 temps : ♪‿♪ = 1 temps.

La Clé de sol

Ce signe 𝄞 placé en début de mesure est une clé de sol.

Elle vous indique l'emplacement du sol sur la portée, sur la deuxième ligne.

D'autres instruments plus graves que la guitare, utilisent d'autres clés pour écrire la musique (Clés de *fa*, clés d'*ut*, etc.)

Les altérations

Ce sont des signes qui abaissent ou élèvent une note d'un demi-ton. Il y en a 3 :

- Le dièse ♯ élève la note d'un demi-ton
- Le bémol ♭ abaisse la note d'un demi-ton
- Le bécarre ♮ annule l'effet du dièse ou du bémol précédent dans la même mesure, ou placé à la clé en début de morceau

Les barres de renvois

Les doubles barres pointées signifient que vous devez répéter la musique écrite entre ces doubles barres.

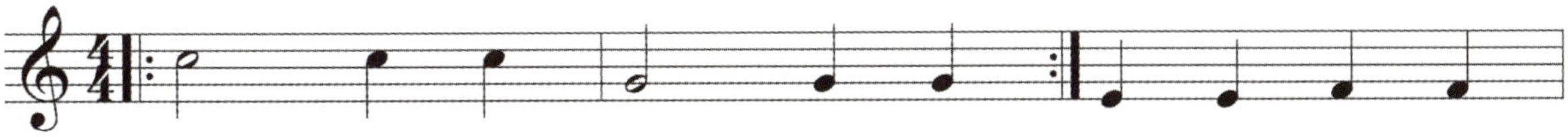

Dans cet exemple vous devez jouer les 2 premières mesures deux fois avant de passer à la troisième.

Les boîtes de renvois

Les boîtes de renvois numérotées vous indiquent le chemin à suivre dans la partition. Quand vous arrivez à une boîte de renvois pour la première fois, vous la jouez. Vous remontez ensuite à la précédente double barre pointée, et lorsque vous arrivez de nouveau à cette boîte, vous la sautez, et vous jouez directement la mesure suivante, etc.

A

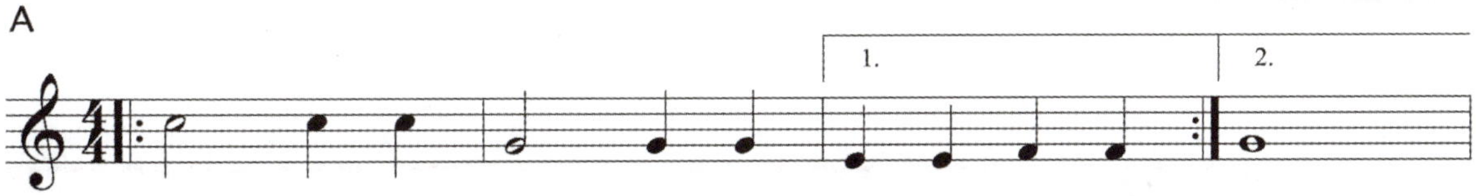

B

Ici vous jouez les mesures 1, 2 et 3, vous revenez à la précédente double barre (au début) puis vous jouez 1, 2 et vous sautez la 3 car vous l'avez déjà jouée. Vous allez directement à la mesure 4 (boîte 2) et vous continuez le morceau.

Les indications de mesure

Vous trouverez toujours une fraction en début de mesure.

2 indique le nombre de temps par mesure

—

4 indique la valeur de chacun de ces temps

Cette fraction indique qu'il y a 2 temps par mesure, chaque temps valant 1 noire (la ronde divisée par 4).

Il arrive que vous rencontriez le signe **C** pour une mesure à 4 temps.

Le triolet

Le triolet est une figure de rythme qui permet d'écrire (et de jouer) 3 notes là où il n'y en a que 2 normalement (un triolet de croches équivaut à 1 temps, un triolet de noires équivaut à 2 temps).

Pour le triolet de croches, par exemple, on va diviser un temps en 3 parties égales, et on va écrire 3 croches de la manière suivante : 

Pour battre la mesure en triolets vous pouvez compter par exemple :
1 et puis 2 et puis 3 et puis 4 et puis 1…etc

Les intervalles

L'intervalle représente la distance entre deux notes. Voici, du plus petit au plus grand, les différents intervalles que l'on rencontre dans une gamme majeure.

Exemple en gamme de Do majeur

do — 1 ton — *ré* — 1 ton — *mi* — 1/2 ton — *fa* — 1 ton — *sol* — 1 ton — *la* — 1 ton — *si* — 1/2 ton — *do*

Les différents intervalles

Le demi ton		entre Mi et Fa
Le ton		entre Do et Ré
La tierce mineure	(1 ton et 1/2)	entre Ré et Fa
La tierce Majeure	(2 tons)	entre Do et Mi
La quarte	(2 tons et 1/2)	entre Do et Fa
La quarte augmentée	(3 tons)	entre Fa et Si
La quinte	(3tons et 1/2)	entre Do et Sol
La sixte mineure	(4 tons)	entre Mi et Do
La sixte majeure	(4 tons et 1/2)	entre Do et La
La septième mineure	(5 tons)	entre Mi et Ré
La septième majeure	(5 tons et 1/2)	entre Do et Si
L'octave	(6 tons)	entre Do et Do

Il existe des intervalles au-delà de l'octave que l'on nomme neuvième, dixième, onzième, treizième, etc.

Les chiffrages d'accords

Vous rencontrerez aussi différentes façons de chiffrer et de nommer un accord, il est important de les connaître.

Do Maj7	=	C M7	=	CΔ
Do min7	=	C m7	=	C-7
Do7	=	C7		
Do min7b5	=	C-7b5	=	C ø
Do dim	=	C dim	=	C°

Le chiffrage international

C'est l'appellation anglo-saxonne des notes que l'on rencontre dans la plupart des transcriptions ou *songbooks*. Il faut la connaître.<<

Correspondance entre notation française et notation internationale

Notation française	Do	Ré	Mi	Fa	Sol	La	Si
Notation internationale	C	D	E	F	G	A	B

Chapitre 13

Les accords

Dans ce chapitre…

- Tout savoir sur les accords
- Un type d'accord ? Non ! Une multitude !

Il existe de nombreux accords, nous avons donc pris le soin de rassembler les plus fréquents dans ce chapitre afin que vous puissiez les consulter à n'importe quel moment.

Qu'est-ce qu'un accord ?

C'est un ensemble d'au moins trois sons, joués simultanément, et qui est construit par l'addition de tierces successives.

Petit rappel de la gamme majeure

La gamme majeure est la plus simple à écrire et la plus connue d'entres toutes. Il s'agit de la gamme de *do* majeur que vous avez déjà eu l'occasion de croiser au cours de votre apprentissage.

do — *ré* — *mi* — *fa* — *sol* — *la* — *si* — *do*

1 ton — 1 ton — 1/2 ton — 1 ton — 1 ton — 1 ton — 1/2 ton

Do est la tonique, ***ré*** est la seconde, ***mi*** la tierce, ***fa*** la quarte, ***sol*** la quinte, ***la*** la sixte, et ***si*** la septième.

Accord à 3 sons

Il est constitué d'une fondamentale, d'une tierce et d'une quinte. Ces trois notes produisent un son global, appelé **triade**, qui peut être majeure, mineure, diminuée ou augmentée.

Exemple en gamme de *do* majeur : *do* + *mi* + *sol* = triade de *do* majeur, dans laquelle ***do*** est la fondamentale de l'accord, ***mi*** la tierce, et ***sol*** la quinte.

Dans la plupart des morceaux de cette méthode on utilise les triades majeures et mineures.

Une triade est dite **majeure** lorsque sa tierce est majeure, c'est-à-dire située à 2 tons de la fondamentale (exemples : *do-mi*, ou bien *fa-la*, ou encore *sol-si*)

Une triade est dite **mineure** lorsque sa tierce est mineure, c'est-à-dire située à un ton et demi de sa fondamentale (exemples : *ré-fa*, ou bien *mi-sol*, ou encore *la-do*)

La quinte est située quant à elle, à 3 tons et demi de la fondamentale. Il y a toutefois deux exceptions, lorsqu'elle est située à 3 tons (quinte diminuée) ou à 4 tons (quinte augmentée).

Accords à 4 sons

Pour produire un accord à 4 sons on ajoute la septième note de la gamme. On obtient ainsi un accord constitué d'une fondamentale, d'une tierce, d'une quinte et d'une septième. L'accord à 4 sons est plus riche que l'accord à 3 sons. C'est l'accord universellement employé dans toutes les musiques.

Les deux sortes de septième

- La septième majeure, située à 5 tons et demi au-dessus de la fondamentale (ou bien à un ½ ton au-dessous de la fondamentale à l'octave.
- La septième mineure, située à 5 tons au-dessus de la fondamentale (ou bien à 1 ton au-dessous de la fondamentale à l'octave).

Différents types d'accords à 4 sons

do mi sol si : constitué d'une fondamentale, d'une tierce majeure, une quinte et une septième majeure, on appelle cela un accord de *do* majeur 7 (Do Maj7 ou Do)

sol si ré fa : constitué d'une fondamentale, d'une tierce majeure, une quinte et une septième mineure, on appelle cela un accord de *sol* 7e de dominante (Sol 7)

ré fa la do : constitué d'une fondamentale, d'une tierce mineure, une quinte et une septième mineure, on appelle cela un accord de *ré* mineur 7 (Ré min 7 ou Ré m7 ou Ré-7)

si ré fa la : constitué d'une fondamentale, d'une tierce mineure, d'une quinte diminuée et d'une septième mineure, on appelle cela un accord de *si* mineur 7b5 (Si min 7b5 ou Si m7b5 ou Si-7b5)

Ces 4 types d'accords sont ceux que l'on rencontre le plus fréquemment. Ensuite il existe des accords à 5, 6 ou même 7 sons, que l'on appelle des accords enrichis ou des accords altérés.

Si vous désirez en savoir plus je vous engage à consulter un livre d'harmonie.

Position et diagramme des accords de base

Vous trouverez ici un exemple de position pour chaque accord majeur, mineur et septième.

Pour les tons en bémol ou en dièse, il suffit de glisser l'une de ces positions d'une case vers le bas ou vers le haut.

Les accords majeurs

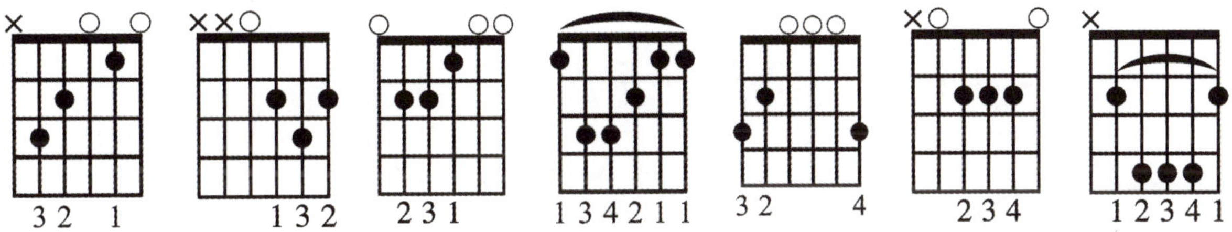

Do Ré Mi Fa Sol La Si

Les accords mineurs

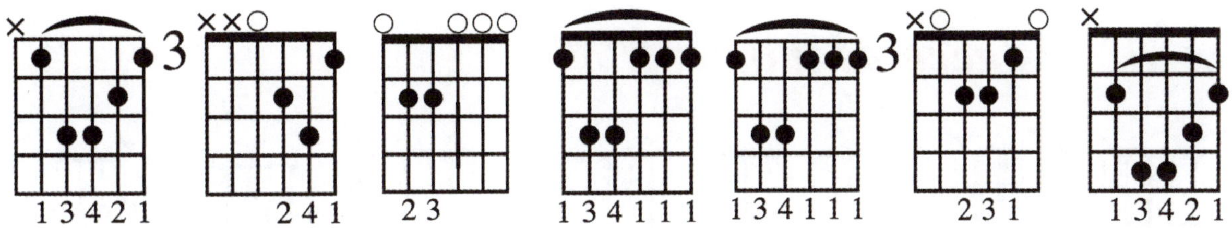

Do min Ré min Mi min Fa min Sol min La min Si min

Les accords septièmes

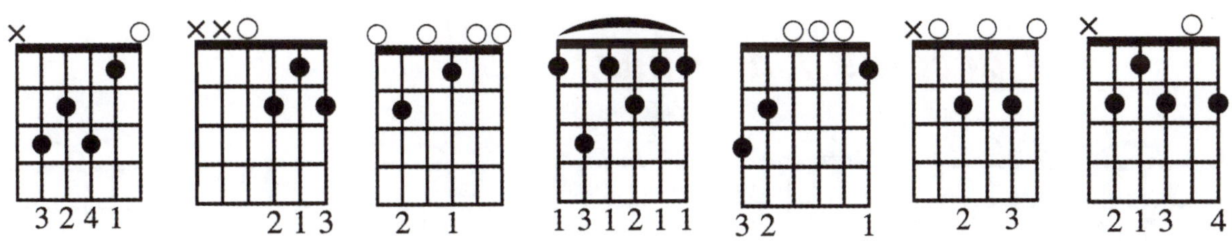

Do 7 Ré 7 Mi 7 Fa 7 Sol 7 La 7 Si 7

Les accords mineur 7

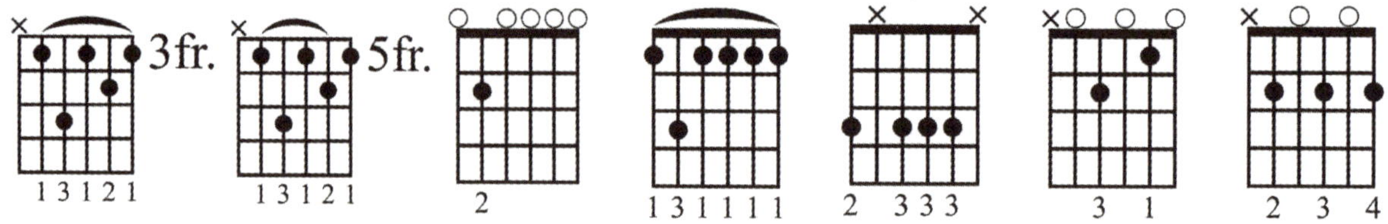

Do m7 Ré m7 Mi m7 Fa m7 Sol m7 La m7 Si m7

Les accords Majeur 7

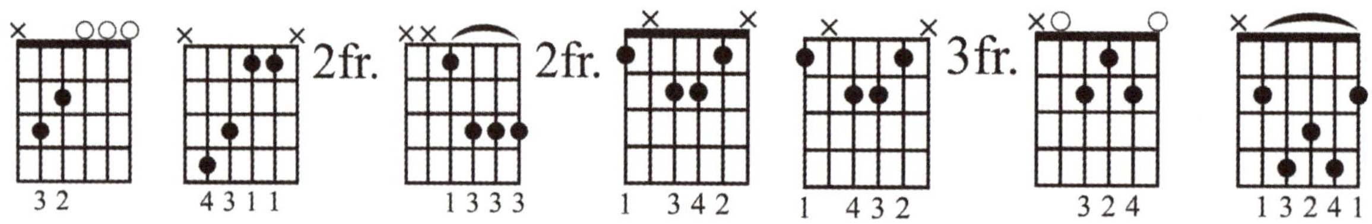

Do Maj7 Ré Maj7 Mi Maj7 Fa Maj7 Sol Maj7 La Maj7 Si Maj7

Les accords mineur 7♭5

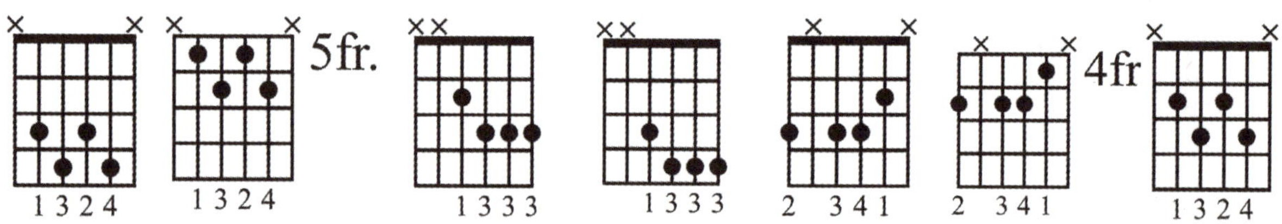

Do m7b5 Ré m7b5 Mi m7b5 Fa m7b5 Sol m7b5 La m7b5 Si m7b5

Les accords 7 diminués

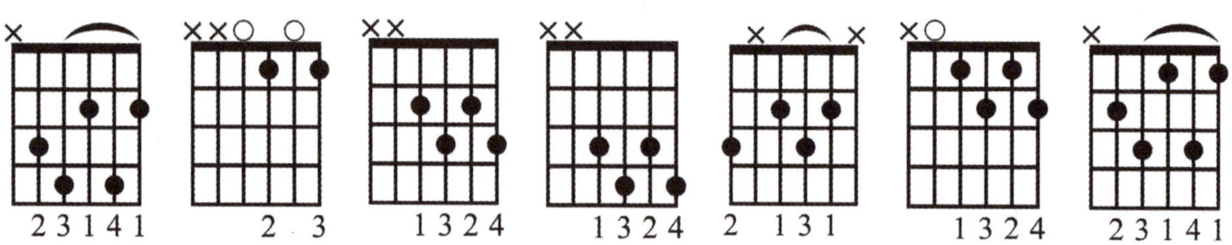

Do 7dim Ré 7dim Mi 7dim Fa 7dim Sol 7dim La 7dim Si 7dim

Les accords mineurs enrichis

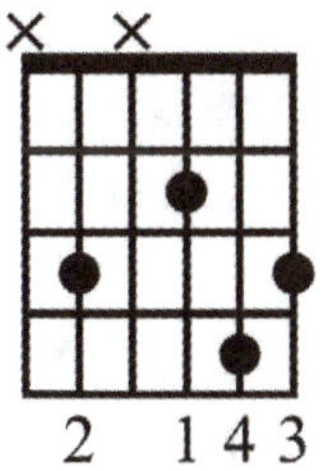

Do min6

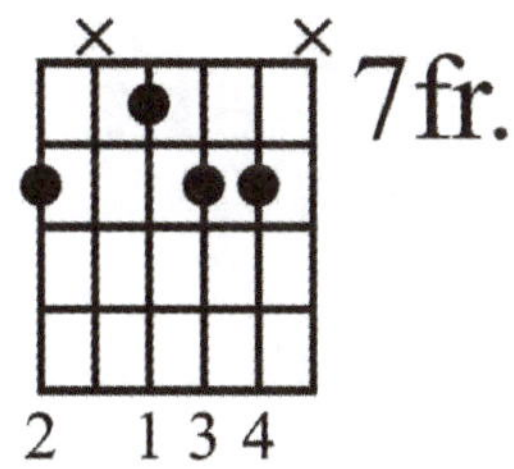

Do min6

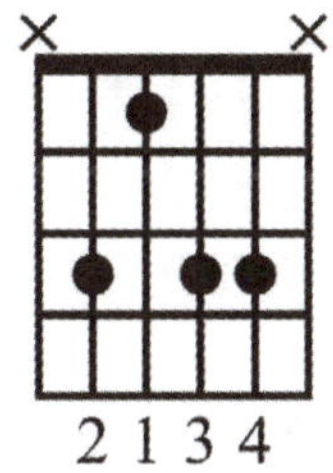

Do min9

Do min9

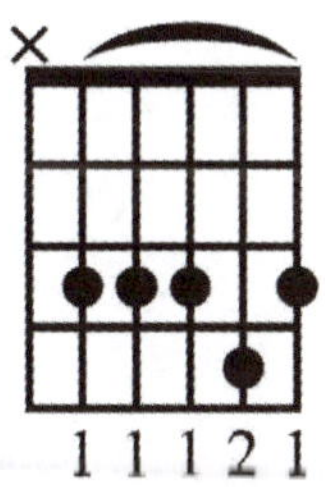

Do min11

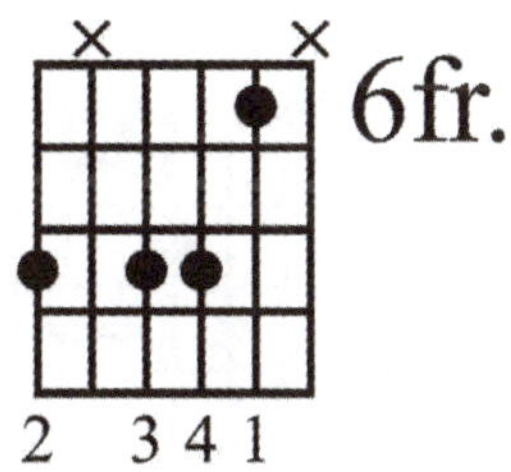

Do min11

Do min13

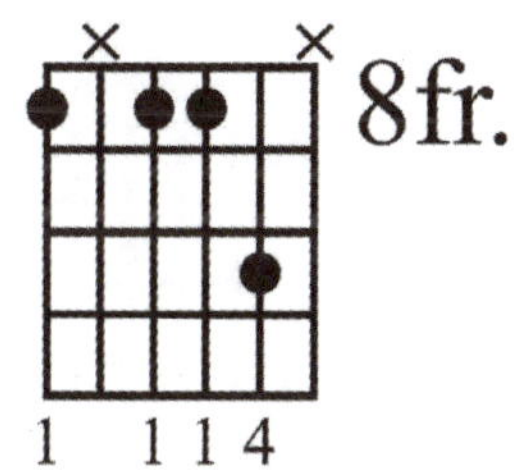

Do min13

Les accords majeurs enrichis

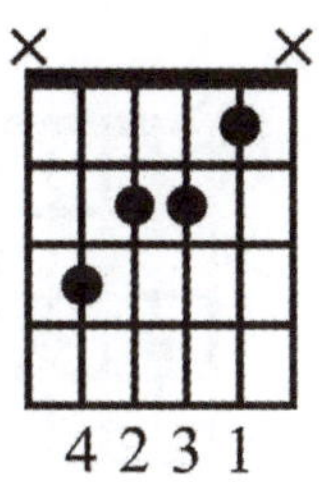

Do Maj6

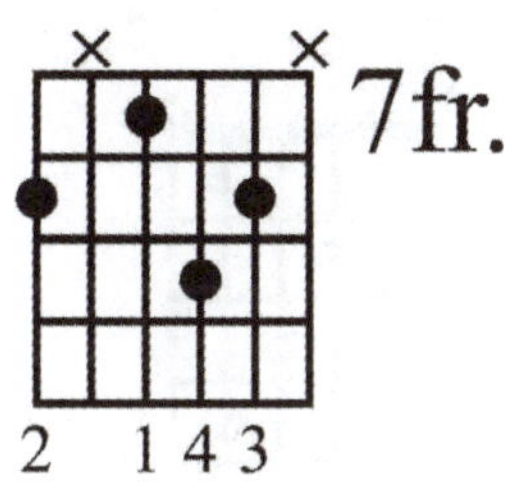

Do Maj6

Do Maj9

Do Maj9

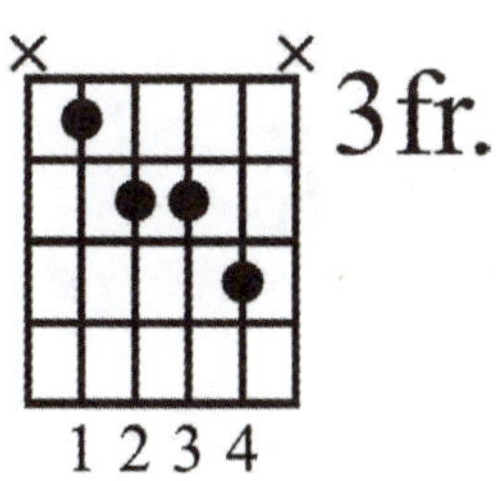

Do Maj7/11#

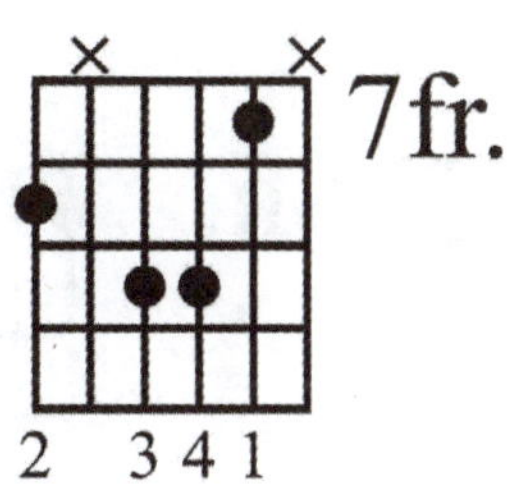

Do Maj7/11#

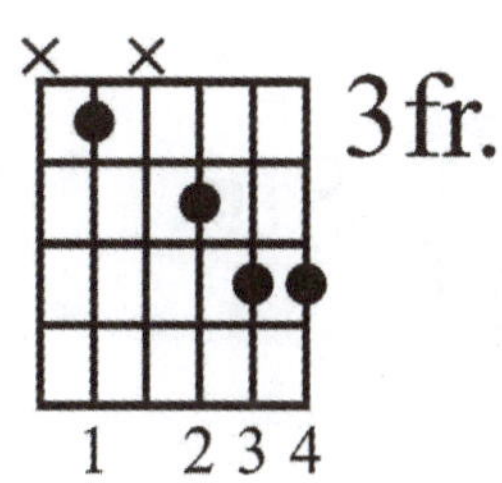

Do Maj7/13

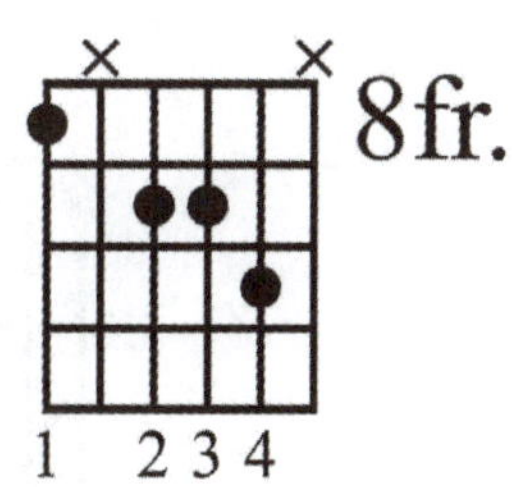

Do Maj7/13

Les accords 7 enrichis

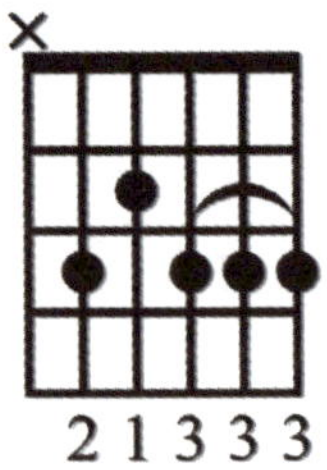

Do 9

Do 9

Do 13

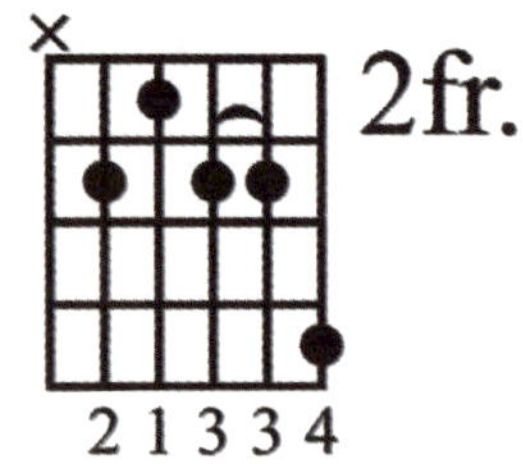

Do 9/13

Do 9/13

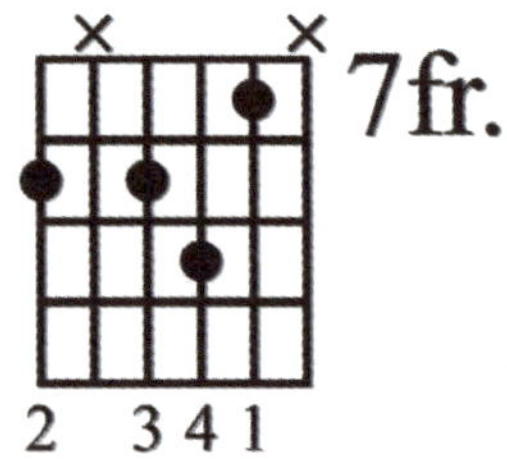

Do 7/11#

Do 9/11#

Les accords 7 Altérés

Do 7/9b

Do 7/9b

Do 7/9#

Do 7/9#/13b

Do 7/13b

Do 7/13/9b

Do 7/9#/13b

Les accords sus

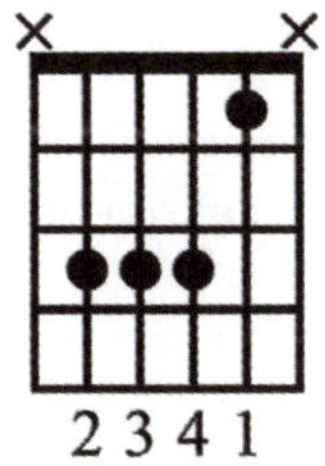

Do 7sus4

Do 7sus4

Do 7sus4

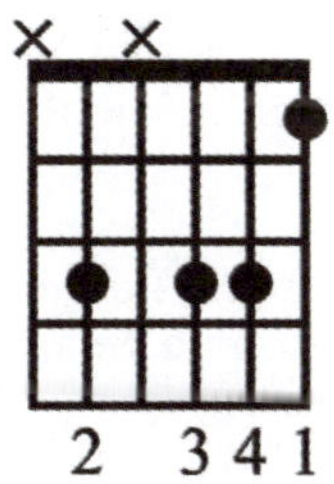

Do 7sus4/9

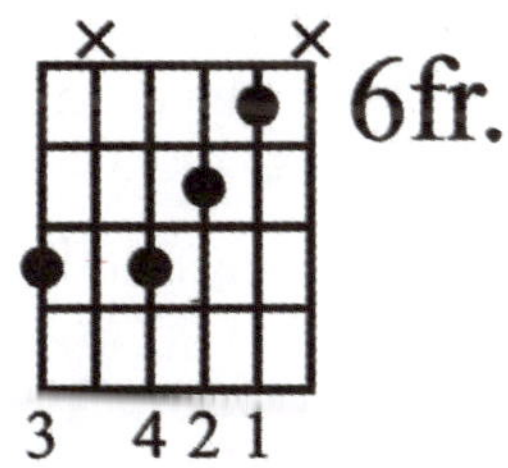

Do 7sus4/9

Do sus2

Do Maj7 sus2

Les accords « sus » sont des accords dans lesquels la tierce a été « suspendue », comme mise en attente, et remplacée soit par une quarte (accords sus4), soit par une seconde (accords sus2).

La tierce étant une note déterminante dans un accord, le fait de l'enlever va changer le rôle harmonique de l'accord et lui donner une couleur très riche en possibilités.

Schéma général des positions d'accords

Un accord à 4 sons est constitué d'une fondamentale, une tierce, une quinte et une septième.

Les enrichissements sont des notes qui se trouvent dans la gamme et qui ne sont pas dans l'accord à 4 sons. Il s'agit donc de la seconde, la quarte et la sixte, que l'on va appeler neuvième (9), onzième (11) et treizième (13).

Les altérations sont des notes de la gamme que l'on altère (# ou b) pour en faire des notes de tension.

Ces altérations ne peuvent être utilisées que dans les accords de 7ᵉ de dominante, qui sont eux-mêmes des accords de tension (pour plus de détails reportez vous à un manuel d'harmonie).

Voici 2 schémas qui vous permettront de trouver instantanément tout type d'accord enrichi ou altéré, grâce à des repères visuels.

La méthode consiste à choisir de jouer votre fondamentale (la basse de l'accord) sur la corde de *mi* grave ou bien sur la corde de *la*. En fonction de cela, vous retrouverez facilement la position des autres notes.

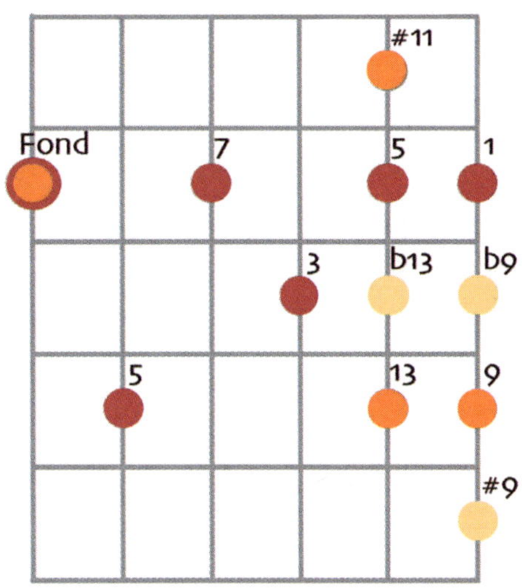

Fondamentale corde de *mi*

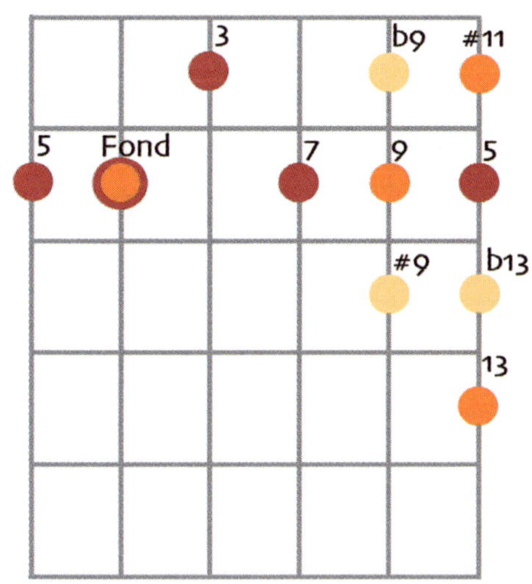

Fondamentale corde de *la*

Notes de l'accord ("Chord tones")

Enrichissements

Altérations

À vous de chercher vos propres positions. N'oubliez pas que, dans un premier temps, les 3 notes indispensables à un accord sont la fondamentale, la tierce et la septième.
En dehors de ces 3 notes vous pouvez ajouter vos enrichissements (pour tous les accords) et vos altérations (pour les accords 7 uniquement).

Sixième partie

La partie des dix

Dans cette partie…

Tout au long de cette méthode, certaines questions vous ont sans doute effleuré l'esprit, pas de panique ! Le chapitre 15 vous dévoilera les réponses aux dix questions les plus souvent posées par de jeunes guitaristes. Après un récapitulatif des dix conseils pour apprendre efficacement, vous aurez tout intérêt à écouter les dix guitaristes de légende qui vous sont présentés au chapitre 17 !

Chapitre 15

Dix questions très souvent posées sur l'apprentissage de la guitare

Dans ce chapitre...

- Guitare acoustique ou électrique ?
- Cordes en acier ou en nylon ?
- Solfège, médiator, tablatures, capodastre...quels sont leur utilité ?

Faut-il nécessairement prendre des cours pour apprendre à jouer de la guitare ?

La réponse est non ! De nombreux guitaristes partout dans le monde, et certains parmi les plus célèbres, ont appris seuls à jouer de leur instrument. Ce qui prime c'est la régularité dans le travail, et votre oreille. C'est cette dernière qui vous dit ce qu'il faut jouer, ce qu'il faut travailler, c'est elle qui vous fait prendre conscience de ce que vous entendez et de ce que vous n'entendez pas dans la musique. Alors munissez-vous d'une bonne méthode et laissez-vous guider. N'oubliez pas que la seule bonne raison de faire de la musique c'est d'y trouver du plaisir, allez-y, jouez, travaillez à votre rythme, et si un jour vous ne trouvez pas réponses à vos nombreuses questions, il sera toujours temps d'aller prendre des cours auprès d'un professeur ou bien dans une école. Mais sachez que ni professeur ni école n'ont fait de bons musiciens, ils leur ont fait gagner du temps, leur ont donné des pistes de travail, leur ont évité certains pièges, mais si vous êtes réellement attirés par la musique alors vous y arriverez, même en autodidacte.

Dois-je commencer par la guitare électrique ou la guitare acoustique ?

Il n'y a pas vraiment de règle dans ce domaine, aujourd'hui on peut débuter aussi bien par la guitare électrique que par la guitare acoustique, les méthodes sont bien souvent mixtes et traitent les deux facettes de l'instrument. Il faut cependant considérer une chose, c'est qu'avant de jouer de la guitare électrique, il est préférable de savoir faire sonner une guitare acoustique. Je veux dire que sur une électrique, tout est plus facile ! Le son, les effets, la technique, etc. Si vous vous formez les doigts au départ sur une acoustique, que vous travaillez un minimum de technique, alors vous n'en serez que plus performant en passant à l'électrique, les doigtés seront plus solides et le son plus propre...

Cordes en acier ou des cordes en nylon ?

C'est juste une question de choix ! À l'origine les cordes en nylon sont montées sur les guitares classiques ou certaines guitares électro-acoustiques, alors que les cordes en acier équipent les guitares folk. C'est donc une question de style et d'univers musical. Si vous vous sentez plus proches de la musique classique, de l'accompagnement de type « chanson française » ou encore de la bossa nova, en résumé de musiques plutôt douces, alors choisissez une guitare à cordes en nylon. Si au contraire vous êtes plus proche du folk américain ou de la culture anglo-saxonne, avec des rythmiques à la frontière du folk et du rock, alors choisissez une guitare à cordes en acier.

En marge de la nature des cordes vous aurez à choisir le tirant (le diamètre des cordes). Plus les cordes sont grosses et plus le son sera défini, plein, et fort, mais plus la guitare sera difficile à jouer ! Privilégiez les cordes à faible tirant pour débuter.

Pourquoi faut-il toujours accorder sa guitare ?

Pour plusieurs raisons ! Les six cordes qui équipent votre guitare sont parfaitement indépendantes les unes des autres, il est donc indispensable de les accorder toutes les six par rapport à une même note de référence. Autrefois, on commençait par la corde de *la* (en prenant un *la* de référence, extérieur à la guitare), et on accordait les 5 autres cordes par rapport à cette corde de *la*. Aujourd'hui, c'est plus facile puisque vous avez à disposition des accordeurs électroniques qui vous indiquent précisément la hauteur de chaque corde. Vous n'avez qu'à suivre la petite aiguille sur le cadran.

Ensuite, il faut accorder votre guitare car si vous jouez avec d'autres musiciens vous devez pouvoir jouer ensemble en produisant des sons harmonieux et non des sons dissonants ! En clair, votre *la* doit être à la même hauteur que le *la* produit par un pianiste, un saxophoniste, un bassiste, un accordéoniste, etc.

Enfin, il est bon de toujours vérifier l'accordage de sa guitare, qui peut bouger si la température change ou bien si les cordes sont neuves.

Le solfège est-il indispensable ?

La réponse est simple : le solfège n'est pas indispensable pour jouer de la musique, mais c'est mieux avec ! Le solfège vous permet de lire et de déchiffrer des morceaux, il vous permet aussi de relever de la musique en écoutant vos albums préférés. Vous pouvez aussi écrire vos propres exercices ou morceaux que vous désirez partager avec d'autres amis musiciens. Le solfège est un code d'écriture que vous pouvez apprendre rapidement à la condition d'en faire un peu chaque jour. Une fois que ce sera fait, vous n'y penserez même plus et vous lirez la musique comme vous lisez un livre !

À quoi servent les tablatures ?

La tablature est un système d'écriture de la musique directement lié à l'ergonomie de l'instrument. Dans le cas de la guitare, les 6 lignes de la tablature représentent les six cordes de la guitare (voir l'explication détaillée au chapitre 3) sur lesquelles les chiffres représentent les cases du manche. On ajoute à cela quelques éléments de rythme en différenciant les blanches des noires, croches, etc. et on obtient un système d'écriture très visuel et plus facile d'accès que le solfège. Toutes les musiques actuelles sont écrites en tablatures.

À quoi sert le capodastre ?

Le capodastre est une sorte de « bracelet » en plastique ou en fer, qui joue le rôle d'un étau qui vient barrer le manche de la guitare à l'endroit où on le souhaite. Le but étant de changer la hauteur naturelle des cordes à vides de la guitare (le diapason) et de pouvoir jouer les accords les plus courants en haut du manche dans d'autres tonalités. Le capodastre est souvent utilisé par les chanteurs qui s'accompagnent à la guitare.

Est-il indispensable de savoir jouer les accords en barrés ?

Là encore, ce n'est pas indispensable mais c'est tellement mieux ! Surtout qu'il est facile de maitriser les barrés. Suivez les exercices de cette méthode (chapitre 6), faites-en quinze minutes par jour et en une semaine vous saurez jouer les barrés. Ils sont très utiles car ils vous permettent de transposer un accompagnement dans toutes les tonalités sans changer les positions d'accords.

À quoi sert le médiator ?

Un médiator, ou plectre, est une petite pièce triangulaire généralement en plastique (il en existe en acier, en bois, et même en pierre d'agate) que l'on utilise pour jouer une corde ou balayer l'ensemble des cordes en accompagnement (voir chapitre 5). La plupart des guitaristes folk, rock, jazz et blues utilisent un médiator, mais aujourd'hui des techniques de jeu aux doigts exclusives se développent dans tous ces styles de musiques. C'est donc une question de choix en fonction du son et de l'attaque de cordes que l'on veut obtenir.

À quoi sert un « ampli » de guitare ?

C'est très simple un amplificateur vous sert à amplifier le son de votre guitare, donc à jouer en contrôlant parfaitement le volume de votre instrument. Si vous jouez avec d'autres musiciens, notamment avec un batteur, alors vous devez produire un son suffisamment puissant pour qu'il ne soit pas masqué par le son de la batterie. En musique rock et blues, l'amplificateur de la guitare permet aussi de jouer avec les effets comme la saturation du son, l'effet larsen, l'utilisation des *reverbs*, *delays*, etc.

Chapitre 16

Dix conseils pour progresser efficacement

Dans ce chapitre...

- Jouer régulièrement
- S'échauffer pour un apprentissage en douceur
- Améliorer la clarté du son
- Reproduire les musiques que vous écoutez

La régularité

Il est toujours bien plus efficace de travailler vingt minutes par jour, que deux heures une fois par semaine. Les gestes et les nouvelles idées que l'on acquiert lors d'une séance de travail sont « macérés » par le corps et l'esprit, et vont faire partie de notre « savoir » pendant un laps de temps très court, avant que toutes les capacités de notre cerveau et de notre « mémoire vive » soient de nouveau accaparées par une autre activité. C'est pourquoi il est important de ne pas espacer les séances de travail, car au bout de quelques répétitions successives, le matériau nouvellement appris (morceau, nouvel accord ou nouvelle idée mélodique) sera plus solidement ancré dans notre connaissance. Et si vous continuez à pratiquer ce nouveau matériau, il fera bientôt définitivement partie de votre jeu !

La beauté et la propreté du son

Quel que soit votre niveau et quelque soit la difficulté de ce que vous êtes en train d'exécuter, n'oubliez pas que la musique est un art, et que historiquement, un art doit toucher le public par la beauté.

Alors privilégiez la propreté du son dans tout ce que vous faites. Même lorsque vous travaillez un exercice, efforcez-vous de rendre chaque note, chaque accord, beau et harmonieux. Soyez attentifs aux bonnes positions de vos mains, de vos doigts, et dites-vous que ces exigences de départ deviendront très vite instinctives, que vous n'aurez bientôt plus à vous en soucier.

L'échauffement

Attention, pratiquer un instrument de musique comme la guitare revient à mettre en action d'une manière précise de nombreux muscles ! Lorsque vous prenez votre instrument pour la première fois de la journée, soyez donc progressif dans l'effort. Commencez par un ou deux exercices (comme ceux proposés au chapitre 12 par exemple), jouez-les très lentement, au métronome, en mettant l'accent sur la position des doigts, la propreté du son, plutôt que sur la vitesse. Si vous démarrez trop vite avec un morceau difficile vous risquez au mieux de vous bloquer les muscles pendant un moment, au pire d'attraper une tendinite qui vous handicapera pendant plusieurs semaines.

Le travail technique

Chez les jeunes guitaristes, la technique équivaut souvent à la vitesse. C'est faux ! La vitesse, ou vélocité, fait partie de la technique mais n'en est pas le seul composant. On reconnait plutôt la technique d'un musicien à la manière dont toutes ses notes, toutes ses phrases et tous ses accords vont être parfaitement exécutés, avec un son parfait, les bons accents et les bonnes intentions à chaque instant, et tout cela aussi bien sur les tempos lents que sur les tempos rapides !

Isoler les passages difficiles

Il y a dans chaque morceau des passages plus difficiles que d'autres. Il est important d'identifier ces passages dès que possible et de les isoler afin de les travailler séparément. Ou encore mieux, n'hésitez pas à créer une « boucle » avec la phrase musicale qui vous pose problème, terminez la mesure en comptant les temps si besoin est, et répétez sans cesse votre boucle, en démarrant lentement et en montant progressivement la vitesse.

Optimiser ses séances de travail

Une chose est sûre, tout le monde peut progresser dans l'apprentissage d'un instrument, à deux conditions : ne pas perdre son temps à répéter inlassablement ce que l'on sait déjà faire, et travailler efficacement. En d'autres termes, si un jour vous avez 15 minutes à consacrer à la guitare et pas une de plus, n'en perdez pas dix à jouer et à rejouer votre morceau préféré, mais travaillez plutôt quelque chose de nouveau, un début de morceau, un nouvel exercice, une nouvelle idée qui contribuera à élargir votre jeu et votre vocabulaire musical.

Écoutez vraiment la musique !

Lorsque vous écoutez vos artistes et albums préférés, n'écoutez pas d'une oreille distraite, comme s'il s'agissait d'un bruit de fond, mais entrainez-vous à dissocier par exemple la mélodie de la ligne de basse, à essayer de reconnaître la nature des accords (mineurs, majeurs ou septièmes dans un premier temps), à trouver la signature rythmique du morceau (4/4, 3/4, etc.). Essayez d'entendre tous les instruments séparément. Tous ces exercices feront progresser votre « oreille musicale » qui reste toujours le premier outil dont vous disposez pour vous exprimer et pour comprendre la musique.

Essayez de reproduire les mélodies

Installez-vous confortablement dans votre canapé avec votre guitare, et allumez la radio ou la télé. Essayez ensuite de reproduire instantanément toutes les mélodies que vous entendez (chansons, jingles, musiques de pubs). Au début vous allez tâtonner, mais vous allez rapidement vous rendre compte que vous allez de plus en plus vite et que vous commencez à comprendre le manche de votre guitare. L'idéal étant d'éliminer le temps intermédiaire entre le moment où le cerveau vous dicte la mélodie et celui où les doigts trouvent le bon emplacement sur le manche. Cela prend du temps, mais c'est un des moyens d'y arriver.

Chantez ce que vous jouez

Même si vous n'avez aucune intention de vous transformer en chanteur à la mode, prenez l'habitude, lorsque vous travaillez un nouveau morceau, de chanter la mélodie en la jouant, ça vous aidera à prendre un tout petit peu de recul par rapport au côté « technique » de l'instrument, et ça vous donnera aussi une idée sur l'interprétation possible du morceau. Il est parfois plus facile de trouver la bonne nuance, la bonne intention avec la voix, qui est plus directe, qu'avec un instrument qui nécessite des éléments intermédiaires pour produire le son (cordes, peaux, cuivres, souffle, frottement, pincement, etc.).

N'hésitez pas à jouer devant des amis !

Les musiciens le savent bien, on ne joue jamais devant un public comme on joue chez soi dans sa chambre ! Au début on perd une partie de ses moyens dès lors qu'il y a un auditoire. Après quelques années de pratique, cela devient au contraire un stimulant, et on joue en public des choses qu'on ne jouerait jamais chez soi. Alors ne vous faites pas prier lorsque dans une soirée entre amis vous entendez « Tu vas bien nous jouer quelque chose ? » ou bien « Tu apportes ta guitare j'espère ? » Ce sont autant d'occasions pour vous de progresser, de prendre de l'assurance, et de consolider votre rapport à la musique.

Chapitre 17

Dix guitaristes à écouter absolument

Dans ce chapitre...

- Un choix de guitaristes français et étrangers au jeu reconnaissable entre tous.

Marcel Dadi (1951-1996)

Guitariste essentiel au destin tragique (mort dans le crash du vol TWA 800 en juillet 1996), Marcel Dadi restera le guitariste qui a importé et popularisé en France le *fingerpicking*, style de jeu aux doigts qui permet de jouer la mélodie, l'harmonie et les lignes de basses en même temps, sur un balancement très proche de la musique country. Français d'origine tunisienne, il collabore avec Chet Atkins, John Renbourn, Steve Grossman. Sa méthode de guitare *La Guitare à Dadi* est l'une des plus vendues en France, et la transcription systématique de tous ses albums en tablatures a contribué à faire connaitre ce système d'écriture au grand public.

Albums à écouter :
La Guitare à Dadi (vol 3), Daddy's Picking Lights Up, Dadi and Friends.

Mark Knopfler (né en 1949)

L'un des guitaristes majeurs de ce siècle, aux frontières du blues, de la country et du rock, il développe une technique particulière de jeu aux doigts qui lui confère un son immédiatement identifiable. Britannique d'origine anglo-hongroise, il est le formateur du groupe « Dire Straits » qui connait un succès mondial, avec de nombreuses tournées et enregistrements.
Il forme ensuite un groupe plus orienté vers la country et le rockabilly, « Les Notting Hillbillies », avant d'entamer sa carrière solo qui dure depuis lors. Il a aussi composé de nombreuses musiques de film.

Albums à écouter :
Private Investigations, Sailing to Philadelphia.

John Williams (né en 1941)

John Williams est australien et l'un des plus célèbres guitaristes classiques au monde. Il a été l'élève de André Ségovia, a enregistré de nombreux albums, a composé de nombreuses pièces. Il est intéressant de l'écouter pour la pureté et l'amplitude du son de sa guitare. Il a aussi joué et enregistré avec des artistes venant d'autres univers (Bela Fleck, John Etheridge), mais aussi avec d'autres guitaristes classiques (Julian Bream, Andrès Segovia). Il a également participé à l'enregistrement de nombreuses musiques de films.

Albums à écouter : ***The Ultimate Guitar Collection, John Williams plays the movies, From a Bird.***

Django Reinhardt (1910-1953)

Français d'origine manouche, il est le guitariste de jazz le plus connu au monde ; et celui qui a influencé bon nombre de guitaristes de jazz américains. À l'âge de 18 ans, un incendie ravage sa roulotte, l'empêchant alors de participer à une première tournée en Angleterre et le privant de l'usage de deux doigts de sa main gauche. Il va pourtant développer une technique particulière de jeu à deux doigts (index et majeur) qui ne l'empêchera pas de jouer des traits parfois virtuoses, et toujours mélodiques. Il forme le « Quintette du Hot Club de France » en compagnie du violoniste Stéphane Grappelli,
avec lequel il effectue de nombreux concerts et tournées. Il fait également une tournée américaine en compagnie de Duke Ellington.

Albums à écouter : ***The Ultimate Collection***

Jimi Hendrix (1942-1970)

Né à Seattle, Jimi Hendrix est LE guitariste de rock le plus célèbre de la planète. Malgré une très courte carrière de 5 ans (il est mort à 27 ans), il a révolutionné l'approche de la guitare électrique. Il était gaucher mais jouait sur une Fender Stratocaster pour droitier. Il a approfondi puis popularisé l'usage de la pédale « Wah-wah », et a développé l'utilisation de l'effet Larsen (feedback). Son interprétation de l'hymne américain *Star-Spangled Banner* lors du festival de Woodstock en 1969 reste anthologique.

Albums à écouter : ***Electric Ladyland, Axis : Bold as love, Are you Experienced.***

Jeff Beck (né en 1944)

Né à Londres pendant la Seconde Guerre mondiale, Jeff Beck est l'un des « guitar-heroes » les plus respectés aujourd'hui. Il a notamment fait partie du groupe mythique les « Yardbirds », et a formé avec le bassiste Tim Bogert et le batteur Carmine Appice letrio « Beck, Bogert and Appice » au début des années 1970.. Il est un des rares guitaristes de rock à privilégier à ce point les climats, les lignes mélodiques, et surtout le jeu aux doigts qui lui donne une attaque et un son immédiatement reconnaissables.

Albums à écouter : ***Blow By Blow, Wired, Jeff Beck's Guitar Shop.***

Eddie Van Halen (né en 1955)

Américain d'origine javano-hollandaise, Eddie Van Halen est un guitariste de rock et de hard-rock, devenu très célèbre au sein du groupe « Van Halen », formé en compagnie de ses deux frères et du chanteur David Lee Roth. Il est très connu pour avoir popularisé la technique du *tapping* (qui consiste à taper quelques notes directement sur le manche à l'aide des doigts de la main droite), très employée de nos jours. Pour l'anecdote, c'est lui qui joue le solo de guitare sur « Beat It » de Michel Jackson.

Albums à écouter :
Van Halen, 1984.

Paco de Lucia (1947-2014)

Voici LA référence absolue en matière de flamenco. Né dans la province de Cadix en Espagne, Paco de Lucia est le guitariste qui a le plus contribué à faire connaître cette musique dans le monde entier, notamment grâce à sa participation à l'album *Guitar Trio* qui réunissait John McLaughlin et Al Di Meola, deux guitaristes de jazz et jazz-fusion. Il a enregistré plusieurs albums en leur compagnie et a effectué plusieurs tournées mondiales. Il a aussi livré une version remarquable du concerto d'Aranjuez de Rodrigo.

Albums à écouter :
Entre dos aguas, Concierto de Aranjuez, Friday night in San Francisco.

Pat Metheny (né en 1954)

L'Américain Pat Metheny est l'un des plus grands guitaristes de jazz actuels, mêlant avec le même bonheur une carrière de guitariste leader (en duo, en trio, en quartet, avec son « Pat Metheny Group », ou le « Unity Band »), de sideman (avec les meilleurs musiciens mondiaux : Herbie Hancock, Jack DeJohnette, Mickael Brecker, John Scofield, etc.), et de compositeur (plus de 20 Grammy Awards). Aussi à l'aise sur une guitare acoustique, qu'électrique ou synthé, il a développé un sens de la mélodie et de l'improvisation absolument unique.

Albums à écouter :
Letter from Home, First Circle, One quiet night, Bright size life.

Allan Holdsworth (né en 1946)

Guitariste de jazz et de jazz-fusion, Allan Holdsworth est un ovni britannique dans le milieu de la guitare, tant par la technique très impressionnante qu'il a développée, que par ses compositions aux accords complexes et aux mélodies sophistiquées. Il est l'un des plus brillants adeptes du jeu en *legato*.

Albums à écouter :
Secrets, None too Soon.